W0238006

Afin de vous informer de toutes ses publications, Marabout édite des catalogues régulièrement mis à jour. Vous pouvez les obtenir gracieusement auprès de votre libraire habituel.

Ouvrages du même auteur traduits en français :

La Sérénité de l'instant (Editions Dangles 1992).
La Paix, un art, une pratique (Le Centurion, 1991).
Bouddha vivant, Christ vivant (Marabout, 1998).

Thich Nhat Hanh

LA PLÉNITUDE DE L'INSTANT

Vivre en pleine conscience

Traduit de l'américain par Marianne Coulin et Christine Charbonneau

MARABOUT

Titre original américain :
Touching Peace
Practicing the Art of Mindful Living

Edition originale américaine :
© 1992 by Thich Nhat Hanh
Published by Parallax Press, Berkeley, California.

Traduction française :
© Editions Dangles - St-Jean-de-Braye (France) - 1994

Toute reproduction d'un extrait quelconque de ce livre par quelque procédé que ce soit, et notamment par photocopie ou microfilm, est interdite sans autorisation écrite de l'éditeur.

Né en 1926 au Viêt-nam, Thich Nhat Hanh est maître zen, poète et avocat de la paix. Il fut proposé en 1967 pour le prix Nobel de la paix par Martin Luther King junior, et présida la délégation vietnamienne durant les accords de paix à Paris.

Partisan d'un bouddhisme engagé socialement, Thich Nhat Hanh enseigne l'art de la pleine conscience intégrée à la vie quotidienne.

Il vit actuellement dans une petite communauté du sud-ouest de la France (le village des Pruniers), où il enseigne, écrit, jardine et œuvre pour l'aide aux réfugiés du monde entier. Il voyage régulièrement à travers l'Amérique du Nord et l'Europe pour dispenser et diriger des retraites ayant pour thème «l'art de la sagesse au quotidien». Il a ainsi organisé des retraites spéciales pour les vétérans américains de la guerre du Viêt-nam, pour les psychothérapeutes et d'autres professionnels de l'aide à autrui, pour les artistes, les défenseurs de l'environnement et les enfants.

Il est l'auteur de nombreux livres, dont plusieurs traités sur le bouddhisme.

CHAPITRE I

La vie est un miracle

NOTRE vraie demeure est le maintenant. Vivre dans l'instant présent est un miracle. Le miracle n'est pas de marcher sur l'eau. Le miracle est de marcher sur la terre verte, en ce moment, d'apprécier la paix et la beauté qui nous entourent maintenant. La paix est tout autour de nous, dans le monde, dans la nature et en nous, dans nos corps et nos esprits. Le simple fait d'apprendre à toucher cette paix nous guérit et nous transforme. Ce n'est pas une question de foi, mais de pratique. Il nous faut simplement découvrir comment ramener notre corps et notre esprit dans l'instant présent. Ainsi, nous pouvons toucher ce qui nous apporte la paix, la guérison et la transformation.

L'année dernière, dans un taxi à New York, je trouvai que le chauffeur n'avait pas l'air heureux. Il n'était pas dans le moment présent. Il n'y avait ni paix ni joie en lui. En conduisant, il n'exprimait pas sa capacité à être vivant. Beaucoup d'entre nous vivent la même chose. Nous passons notre temps à courir et ne sommes jamais complètement dans ce que nous faisons. Nous ne sommes pas en paix. Notre corps est là mais notre esprit est ailleurs – dans le passé ou dans l'avenir – sous l'emprise de la colère, de la frustration, des espoirs ou des rêves. Nous ne sommes pas vraiment vivants ; nous sommes un peu comme des fantômes. Si jamais notre propre enfant venait nous offrir un sourire, nous ne le verrions même pas et il repartirait sans nous avoir trouvé. Quel dommage !

Dans *l'Etranger,* Albert Camus décrit un homme qui allait être exécuté. Assis seul dans sa cellule, l'homme aperçut un morceau de ciel bleu à travers la lucarne et, tout à coup, se sentit profondément relié à la vie, dans l'instant présent. Il se jura alors de passer les jours qui lui restaient à vivre en étant totalement présent, appréciant pleinement chaque instant. Juste trois heures avant son exécution, un prêtre vint dans sa cellule pour recevoir sa confession et lui administrer les derniers sacrements. Mais l'homme voulait rester seul. Lorsqu'il parvint à le faire sortir, il comprit que le prêtre vivait comme un mort. Celui qui essayait de le sauver était en fait moins vivant que lui, le condamné à mort.

Nous sommes tous vivants mais certains d'entre nous, ne sachant pas toucher la vie dans le moment présent, le sont moins que d'autres. Comme l'a dit Camus, nous sommes semblables à des morts. J'aimerais partager avec vous quelques exercices simples qui peuvent nous aider à réunifier notre corps et notre esprit, et nous ramener au contact de la vie dans l'instant présent. Le premier est pratiqué par des gens comme vous et moi depuis plus de trois mille ans, et s'appelle *la respiration consciente.* En inspirant nous savons que nous inspirons, et en expirant nous savons que nous expirons. Nous observons alors de nombreux éléments de bonheur en nous et autour de nous. Etre conscient de sa respiration et savoir toucher la vie en soi est une grande joie.

La vie n'existe que dans le moment présent. Je pense que cela mérite un jour férié. Nous fêtons des événements importants comme Noël, la nouvelle année, la fête des mères, la fête des pères, le jour de la Terre... pourquoi ne pas fêter un jour où nous pourrions vivre l'instant présent dans la joie ? J'aimerais déclarer aujourd'hui « Jour d'aujourd'hui », en faire un jour consacré à toucher la Terre, le ciel, les arbres et la paix du moment présent.

Il y a dix ans, j'ai planté trois beaux cèdres de l'Himalaya à côté de mon ermitage. Maintenant, chaque fois que je passe près d'eux, je regarde leurs branches et leurs belles feuilles et, en inspirant et expirant consciemment, je les salue, touche leur écorce de ma joue et les serre dans mes bras. Ils me nourrissent et m'apportent beaucoup de paix. Toucher un arbre vous donne, à l'arbre et à vous, beaucoup de plaisir. Les arbres sont beaux, vivifiants, solides et ne refusent jamais que vous les preniez dans vos bras. Vous pouvez compter sur eux.

Au village des Pruniers, nous avons un très beau cèdre qui donne de l'ombre et de la joie à des centaines de personnes chaque été. Il y a quelques années, pendant un gros orage, un grand nombre de ses branches ont été cassées et l'arbre a bien failli mourir. En le voyant après l'orage, j'eus envie de pleurer. Je ressentis le besoin de le toucher, mais le fis sans plaisir tant il souffrait. Comme je ne pouvais me résoudre à le laisser dans cet état, je décidai d'aller trouver notre ami Scott Mayer. Par chance, Scott est un vrai docteur pour les arbres. Il a tellement bien pris soin de notre cèdre qu'il est aujourd'hui plus beau et plus fort que jamais. Le village des Pruniers ne serait certainement pas ce qu'il est sans cet arbre. Chaque fois que je le peux, je touche son écorce et la ressens profondément.

Tout comme nous touchons les arbres, nous pouvons nous toucher et toucher les autres, avec compassion. Quand nous enfonçons un clou avec un marteau et que nous nous tapons sur le doigt, nous lâchons vite le marteau pour nous occuper de notre doigt. Nous faisons tout ce que nous pouvons pour l'aider, le soulager, et nous lui manifestons toute notre compassion et notre intérêt. Nous aurons peut-être besoin d'un médecin ou d'une infirmière mais, pour que la blessure guérisse rapidement, nous aurons aussi besoin de compassion et de joie. Chaque fois que nous avons mal, toucher avec compassion l'endroit qui nous fait souffrir est merveilleux. Nous pouvons même toucher une douleur intérieure avec pleine conscience, que cette douleur soit dans notre foie, notre cœur ou nos poumons.

Notre main droite a touché notre main gauche de nombreuses fois, mais peut-être ne l'a-t-elle pas fait avec compassion. Essayez ce petit exercice : inspirez et expirez consciemment trois fois, puis touchez votre main gauche avec votre main droite en y mettant toute votre compassion. Ne remarquez-vous pas que lorsque votre main gauche reçoit de l'attention et de l'amour, votre main droite en reçoit aussi ? Et cela vaut pour les deux mains ! Ainsi, lorsque quelqu'un souffre et que nous le touchons avec compassion, il reçoit notre attention et notre amour et nous recevons nous aussi de l'attention et de l'amour. Lorsque nous souffrons, nous pouvons également nous toucher avec compassion et tout le monde en profitera.

Pour vraiment toucher les choses, il est important d'être pleinement conscient. Quand vous vous lavez le visage le matin, vous pouvez parfois vous toucher les yeux sans en être vraiment conscient. Vous pensez peut-être à autre chose. Mais si vous vous laviez le visage avec toute votre attention, vous seriez conscient que vous avez des yeux pour voir, que l'eau du robinet provient en fait d'une source, et votre action serait beaucoup plus profonde. Quand vous vous touchez les yeux, vous pouvez vous dire : *« J'inspire, et je suis conscient de mes yeux. J'expire, et je souris à mes yeux. »*

Nous accordons tellement d'attention à ce qui ne va pas que nous en oublions de voir ce qui est beau et vivifiant. Nos yeux sont là pour nous donner des forces et nous apporter la guérison et la paix, mais nous prenons rarement le temps de les apprécier. Quand nous savons toucher nos yeux avec pleine conscience, nous comprenons qu'ils sont des joyaux essentiels à notre bonheur. Le vœu le plus cher de ceux qui ont perdu la vue n'est-il pas de voir à nouveau ? Nous qui voyons, il nous suffit d'ouvrir les yeux pour voir toutes ces formes et ces couleurs – le ciel bleu, les collines, les arbres, les nuages, les rivières, les enfants, les papillons. Assis, simplement là à regarder, nous pouvons être extrêmement heureux. Même si nous considérons la plupart du temps que cela va de soi, voir est un miracle qui peut suffire à notre bonheur. Le petit exercice décrit plus haut – J'inspire, et je suis conscient de mes yeux. J'expire, et je souris à mes yeux – nous permet de toucher réellement la paix et la joie.

Nous pouvons faire la même chose avec notre cœur : *« J'inspire, et je suis conscient de mon cœur. J'expire, et je souris à mon cœur.* » Cet exercice nous aide à comprendre combien notre cœur a travaillé dur, jour et nuit, pendant des années pour nous maintenir en vie. Notre cœur pompe des milliers de litres de sang chaque jour, sans jamais s'arrêter. Même lorsque nous dormons, il continue à travailler pour nous apporter paix et bien-être. Notre cœur est un élément de paix et de joie, mais nous ne pensons ni à le toucher ni à l'apprécier. Nous faisons du mal à notre cœur en ne touchant que ce qui nous fait souffrir : nos soucis et nos émotions fortes et ce que nous buvons et mangeons. Et agissant de la sorte, nous faisons du tort à notre propre paix et à notre propre joie.

Quand nous inspirons en étant conscient de notre cœur et expirons en lui souriant, nous nous illuminons. Nous voyons notre cœur comme nous ne l'avions encore jamais vu. Lorsque nous lui sourions, nous le massons avec compassion. Et pour le garder en bonne santé, nous devons le nourrir correctement et lui éviter les soucis inutiles.

Cet exercice peut également s'appliquer à d'autres organes de notre corps, par exemple le foie : « *J'inspire, et je sais que mon foie a beaucoup travaillé pour me garder en bonne santé. J'expire, et je m'engage à ne pas lui faire de mal en buvant trop d'alcool.* » Cette méditation est une méditation d'amour. Nos yeux nous appartiennent. Notre cœur nous appartient. Notre foie nous appartient. Si nous ne pouvons pas aimer notre propre cœur et notre propre foie, comment pourrions-nous aimer quelqu'un d'autre ? Pratiquer l'amour consiste avant tout à pratiquer l'amour envers soi-même, en prenant soin de son corps, de son cœur, de son foie… Nous nous touchons ainsi avec amour et compassion.

Lorsque nous avons une rage de dents, nous savons combien le fait de ne pas avoir mal aux dents est appréciable. *« J'inspire, et je suis conscient de ne pas avoir mal aux dents. J'expire, et je souris à mon absence de mal de dents. »* Nous pouvons toucher notre absence de mal de dents en pleine conscience. Quand nous avons de l'asthme ou simplement le nez bouché, nous pouvons à peine respirer. A ce moment-là, nous comprenons à quel point il est merveilleux de respirer librement.

Chaque jour, nous touchons ce qui ne va pas et notre santé ne fait que faiblir. C'est pour cela que nous devons apprendre à toucher ce qui va bien – à l'intérieur et à l'extérieur de nous. Lorsque nous sommes en contact avec nos yeux, notre cœur, notre foie, notre respiration et notre absence de mal de dents, et que nous savons vraiment les apprécier, nous constatons que les conditions nécessaires à la paix et au bonheur sont déjà présentes. Lorsque nous touchons la terre de nos pieds, lorsque nous prenons le thé avec des amis dans la pleine conscience, nous pouvons nous guérir et apporter cette guérison à la société. Plus nous avons souffert dans le passé, plus nous avons la capacité de nous guérir. Nous pouvons apprendre à transformer notre souffrance en une compréhension qui aidera nos amis et la société.

Nous n'avons pas besoin de mourir pour entrer au Royaume du Paradis. Nous avons simplement besoin d'être pleinement vivant. Lorsque nous inspirons et expirons en serrant un arbre dans nos bras, nous sommes au Paradis. Lorsque nous prenons une respiration en étant conscient de nos yeux, de notre cœur, de notre foie et de notre absence de mal de dents, nous sommes immédiatement transportés au Paradis. La paix est accessible ; il nous suffit simplement de la toucher. En étant vraiment vivant, nous voyons que l'arbre fait partie du Paradis et que nous en faisons nous aussi partie. Tout l'univers conspire pour nous faire cette révélation, mais nous sommes si peu conscients que nous consacrons notre énergie à couper les arbres. Si nous voulons entrer au Paradis sur Terre, il nous faut simplement marcher et respirer consciemment.

Lorsque nous touchons la paix, tout devient réel. Nous devenons nous-même, pleinement vivant, dans l'instant présent. Alors, l'arbre, notre enfant et toutes choses se révèlent à nous dans leur pleine splendeur.

« Le miracle est de marcher sur Terre », affirmait le maître zen Lin Chi. Le miracle n'est pas de marcher dans l'air ou sur l'eau, mais de marcher sur la Terre. La Terre est si belle. Nous sommes si beaux nous aussi. Nous avons le droit de marcher en pleine conscience et de toucher la Terre, notre merveilleuse mère, à chaque pas. Inutile de dire à nos amis : « Que la paix soit avec vous ! » La paix est déjà en eux. Nous pouvons simplement les aider à cultiver l'habitude de toucher la paix à chaque instant.

CHAPITRE II

Nous sommes tous des fleurs

DANS la tradition zen, la poésie et la méditation sont inséparables. La poésie est faite d'images et de musique, et les images facilitent la méditation. Voici un exercice qui nous aide à pratiquer la pleine conscience. Beaucoup de mes amis le trouvent efficace et très beau :

J'inspire, et je sais que j'inspire.
J'expire, et je sais que j'expire.
Dedans/Dehors.

J'inspire, et je suis la fleur.
J'expire, j'en ai la fraîcheur.
Fleur/Fraîcheur.

J'inspire, et je me vois montagne.
J'expire, et je me sens solide.
Montagne/Solide.

J'inspire, et je me vois eau calme.
J'expire, en moi les choses se reflètent telles qu'elles sont.
Eau/Refléter.

J'inspire, et je me vois espace.
J'expire, et je me sens libre.
Espace/Libre.

Que nous soyons enfants ou adultes, nous sommes tous de merveilleuses fleurs. Quand nos yeux sont fermés, nos cils sont semblables aux pétales des roses. Nos oreilles sont comme des belles de jour écoutant le chant des oiseaux. Chacun de nos sourires transforme nos lèvres en une fleur. Nos mains sont des lotus à cinq pétales… Le but de cette méditation est de garder cette « florescence » vivante en nous, pour notre bonheur et celui de tous.

Vous savez qu'en laissant une fleur plusieurs jours sans eau, elle se dessèche. Et lorsque vous la remettez dans l'eau, il est parfois trop tard : la fleur n'est plus capable de boire. Pour la sauver, il faut lui recouper la tige – sous l'eau de préférence – pour que l'eau pénètre directement dans ses cellules. Vous pouvez même entailler la tige sur les côtés. Et très vite la fleur retrouvera sa vitalité.

Nous sommes tous des fleurs, mais parfois notre florescence est fatiguée ; elle a besoin d'être revitalisée. Nous autres, les fleurs humaines, avons besoin d'air. Si nous inspirons et expirons profondément dans la pleine conscience, nous retrouverons immédiatement notre vitalité.

Nous pouvons respirer assis, debout, couché ou en marchant, et quelques minutes suffiront à nous redonner assez d'énergie pour partager notre florescence. Nos amis ont besoin que nous soyons des fleurs. S'ils nous voient heureux un jour où ils sont tristes, ils se souviendront de leur florescence, la retrouveront et, avec elle, retrouveront le sourire. Nous nous aidons les uns les autres. Si nous savons comment vivifier notre florescence au moment où elle en a besoin, nous servons la communauté.

La méditation est faite pour apporter la paix, la joie et l'harmonie en nous et autour de nous. Pour que notre florescence reste épanouie, pour retrouver la paix, le bonheur et le sourire, nous devons avant tout apprendre à « arrêter ». Arrêter nos angoisses, nos soucis, notre agitation et notre tristesse. C'est la base de toute méditation. Quand les choses ne vont pas très bien, il est bon de savoir arrêter afin d'empêcher les énergies désagréables ou destructrices d'agir. Arrêter ne signifie pas réprimer, mais calmer. Si nous voulons que l'océan se calme, nous n'allons pas essayer de le vider de son eau. Sans eau, il n'y a plus d'océan. Lorsque nous sentons que la peur, la colère ou l'agitation sont en nous, nous n'avons pas besoin de les rejeter. Pour calmer la tempête, il nous suffit simplement d'inspirer et d'expirer consciemment. Nous n'avons pas non plus besoin d'attendre que la tempête arrive pour commencer à faire cet exercice. Si nous pratiquons quand nous allons bien, nous irons encore mieux. C'est la meilleure manière de nous préparer à vivre les difficultés au moment où elles apparaissent.

Respirer est la meilleure façon d'arrêter – d'arrêter la colère, l'agitation, la peur et la tristesse. Vous pouvez respirer en étant assis, debout, couché, en marchant ou dans n'importe quelle autre position. Cet exercice est particulièrement agréable à faire dehors, à l'air frais. Vous pouvez, par exemple, marcher lentement ou encore vous asseoir ou vous allonger sur l'herbe, et respirer en vous concentrant sur chaque inspiration et sur chaque expiration. Sans penser à rien d'autre, dites-vous : *« J'inspire, et je sais que j'inspire. J'expire, et je sais que j'expire.* » Si vous préférez, vous pouvez aussi juste dire « *Dedans*... » lorsque vous inspirez, et « *Dehors*... » lorsque vous expirez. Nous savons que le plus grand désir des personnes asthmatiques est de respirer librement : n'oublions pas combien respirer peut être agréable. Respirer nous nourrit et peut nous apporter beaucoup de bonheur. Faites cet exercice aussi souvent que vous le souhaitez. Il est essentiel pour apprendre à s'arrêter, se calmer et revenir à soi dans l'instant présent.

Lorsque vous vous sentez prêt, passez à la seconde strophe : « *J'inspire, et je me vois fleur. J'expire, j'en ai la fraîcheur.* » En inspirant pensez « *Fleur*... », et en expirant pensez « *Fraîcheur*... ». Bien que nous soyons tous nés fleurs, nos soucis nous ont peut-être fait perdre notre fraîcheur et notre vitalité. Peut-être n'avons-nous pas suffisamment pris soin de notre florescence ? En pratiquant « Fleur/Fraîcheur » nous arrosons notre fleur. Si nous le faisons bien, chacune des cellules de notre corps retrouvera le sourire et, en cinq ou dix secondes à peine – le temps d'une respiration – nous aurons ravivé notre florescence. Nous pouvons pratiquer cet exercice jusqu'à ce que notre florescence soit pleinement ressourcée.

Lorsque nous voyons une personne vraiment vivante, une personne qui sait préserver sa florescence, nous avons envie d'être près d'elle. La respiration conscience peut nous aider à ressentir la vie en nous. Les enfants qui ont peu souffert sont restés des fleurs merveilleuses, de ces fleurs capables d'être source de joie pour tous, à tout moment. Le simple fait de respirer consciemment et de sourire nous permet à nous aussi d'avoir une fleur à offrir en partage. Et plus nous pratiquerons, plus nous sourirons, plus notre fleur sera belle. Une fleur n'a pas à être autre chose qu'une fleur. Un être humain, s'il est vraiment humain, suffit à donner de la joie au monde entier. Aussi, pratiquez « J'inspire… J'expire… » et retrouvez votre florescence. C'est pour nous tous que vous le faites. Votre vitalité, votre fraîcheur et votre joie nous apportent la paix.

« J'inspire, et je me vois montagne. J'expire, et je me sens solide. Montagne/Solide. » Pour méditer sur cette strophe, la meilleure façon est de vous asseoir par terre sur un coussin, si possible en lotus ou en demi-lotus. Ce sont des positions très stables et la stabilité de notre corps nous aide à stabiliser notre esprit. Choisissez un coussin assez épais pour bien vous soutenir, cela vous aidera. Asseyez-vous ensuite en tailleur, en plaçant un pied sur la cuisse opposée (demi-lotus) ou les deux pieds sur les cuisses opposées (lotus intégral). Si cela vous est trop pénible, choisissez une position qui vous soit agréable, assis sur une chaise par exemple. Mais essayez toujours de conserver le dos bien droit, les mains reposant sur les genoux. Vous pouvez également vous allonger sur le dos, les jambes étendues et les bras le long du corps.

Visualisez un arbre dans la tempête. A la cime, le vent secoue violemment les petites branches et les feuilles. L'arbre paraît vulnérable, fragile – il semble prêt à casser d'un instant à l'autre. Pourtant, si vous regardez le tronc, vous constaterez qu'il est solide ; et si vous observez le pied de l'arbre, vous constaterez aussi qu'il est profondément et solidement enraciné dans le sol. L'arbre peut résister à la tempête.

Nous sommes un peu comme l'arbre. Notre tronc – notre centre – se trouve juste en dessous de notre nombril. Nos pensées et nos émotions sont localisées au niveau de notre tête et de notre poitrine. Lorsque nous sommes sous l'emprise d'une émotion forte – comme le désespoir, la peur, la colère ou la jalousie – il peut être dangereux de rester dans la tempête. Nous devons faire notre possible pour quitter cet endroit et descendre dans la vallée. Là, nous pourrons inspirer et expirer dans le calme, en prenant conscience des mouvements de notre abdomen qui se gonfle et se creuse au rythme de notre respiration.

De nombreuses personnes ne savent pas comment faire face à leurs émotions. Quand une émotion forte s'empare d'elles, une émotion qu'elles ne peuvent supporter, certaines vont même jusqu'à penser au suicide. Elles sont prises au cœur de la tempête et se sentent abandonnées. Elles ont l'impression que leur vie se réduit à cette émotion – peur, désespoir, colère, jalousie… – et que la seule façon de faire disparaître leur souffrance est de mettre fin à leurs jours. La pratique de la respiration consciente nous aidera à faire face aux moments difficiles et aux émotions fortes.

« J'inspire, et je me vois montagne. J'expire, et je me sens solide. » Si vous êtes attentif à votre respiration, vous pourrez aussi accentuer les mouvements de votre abdomen. Au bout de quelques minutes, vous constaterez que vous êtes encore plus fort que vous ne le pensiez. Vous êtes bien plus que vos émotions. Les émotions apparaissent, demeurent un instant et disparaissent – telle est leur nature. Pourquoi devrions-nous mourir à cause d'une émotion qui passera tôt ou tard ? Descendez dans votre tronc et restez-

y en inspirant et en expirant. En quelques minutes, votre émotion aura perdu de sa force et vous pourrez méditer, marcher ou prendre le thé dans la pleine conscience.

N'attendez pas d'être dans une situation difficile pour commencer à pratiquer. Si vous le faites tous les jours, la méditation deviendra une habitude en moins de trois semaines. Et quand des émotions fortes remonteront en vous, vous serez capable de les observer et d'attendre qu'elles passent. Si vous faites cette méditation avant d'aller vous coucher, vous vous endormirez dans la paix. Il y a une montagne en vous. Touchez-la. Vous êtes beaucoup plus fort et résistant que vous ne le croyez.

Méditer, ce n'est pas éviter les problèmes ou fuir les difficultés. C'est au contraire trouver la force de les affronter. Pour cela, nous devons être calmes, solides et frais comme la fleur. Si nous voulons retrouver notre calme et éclaircir notre esprit, nous devons apprendre l'art du détachement. Assis calmement à inspirer et à expirer, nous développons notre force, notre capacité à nous concentrer et notre clarté. Soyez solide comme la montagne. Le vent ne peut renverser la montagne. Si vous pouvez rester assis une demi-heure, appréciez cette demi-heure. Si vous ne tenez que quelques minutes, appréciez ces minutes. C'est déjà bien.

« J'inspire, et je me vois eau calme. J'expire, en moi se reflètent les choses telles qu'elles sont. Eau/Refléter. » Au pied de la montagne il y a un lac. La montagne et le ciel pur se reflètent sur ses eaux calmes et claires. Si vous êtes suffisamment calme et tranquille, la montagne, la lune et le ciel bleu pourront aussi se refléter en vous exactement tels qu'ils sont. Tout ce que vous voyez se reflète en vous exactement comme cela est, sans déformation.

Vous êtes-vous déjà regardé dans un miroir déformant ? Votre visage y est tout allongé, vos yeux énormes et vos jambes toutes petites. Ne soyez pas comme ce miroir. Soyez plutôt comme l'eau calme du lac de montagne. Souvent, nous ne reflétons pas clairement les choses, notre perception est fausse et cela nous fait souffrir. Dans *Being Peace*, j'utilise l'exemple suivant : imaginez que vous êtes en train de marcher dans la pénombre et que vous voyez soudain un serpent. Vous poussez un cri et partez en courant chercher des amis. Munis d'une lampe de poche, vous revenez à l'endroit où vous avez vu le serpent. Mais lorsque vous l'éclairez, vous découvrez qu'il ne s'agissait pas du tout d'un serpent, mais d'un simple bout de corde. C'est ce que j'appelle une perception déformée.

Il nous arrive souvent de ne pas voir clairement les choses ou de ne pas vraiment écouter ce que nous disent les autres. En réalité, nous voyons et entendons nos propres projections et nos propres préjugés. Nous ne sommes pas assez clairs et ne percevons pas les choses telles qu'elles sont. Il peut même nous arriver de nous disputer avec un ami qui vient de nous faire un compliment, simplement parce que nous avons déformé ses paroles. Si nous ne sommes pas calmes, si nous écoutons juste nos propres espoirs et notre colère, nous ne sommes pas en mesure de recevoir la vérité qui essaie de se refléter. Pour percevoir la réalité telle qu'elle est, il nous faut avant tout calmer l'eau de notre lac. Quand vous vous sentez agité, ne faites rien et ne dites rien. Respirez. Une fois calme, demandez à votre ami de répéter ce qu'il vient de dire. Cela permettra d'éviter bien des désagréments. Le calme est la base de la compréhension et de la perception juste. Le calme est force.

Si nous voulons nous détacher et retrouver notre calme, il nous faut apprendre à voir les choses telles qu'elles sont. Les arbres, la montagne, le vent, les oiseaux... tout ce qui est veut se refléter en nous. Pour trouver la vérité, il n'est pas nécessaire d'aller la chercher. Il nous suffit d'être calme et les choses se révéleront d'elles-mêmes sur l'eau tranquille de notre cœur.

> « Vivifiante, la lune du Bouddha
> Voyage dans le ciel d'un vide absolu.
> Si le lac de l'esprit est calme
> La belle lune s'y reflétera. »

« J'inspire, et je me vois espace. J'expire, et je me sens libre. Espace/Libre. » Lorsque vous arrangez des fleurs dans un vase, deux ou trois fleurs suffisent. Si vous laissez assez d'espace entre chacune d'elles, elles pourront se révéler dans toute leur beauté et leur fraîcheur. Comme les fleurs, nous avons nous aussi besoin d'espace pour être heureux. Le détachement et le calme nous offrent un espace plus vaste, à l'intérieur et à l'extérieur de nous. Cet espace, nous pouvons aussi l'offrir à ceux que nous aimons. Nous avons besoin de nous détacher de nos problèmes, de nos difficultés, de nos soucis et de nos regrets, et de créer de l'espace autour de nous. L'espace est liberté.

Un jour, dans une forêt près de la ville de Vaisali, le Bouddha était assis en compagnie d'une trentaine de moines. C'était le début de l'après-midi, et ils s'apprêtaient à entendre un discours sur le dharma lorsqu'un fermier s'approcha, l'air bouleversé. Il leur expliqua que douze de ses vaches s'étaient échappées et demanda au Bouddha et aux moines s'ils ne les avaient pas aperçues. Puis il ajouta qu'une partie de ses plantations de sésame avait été dévastée par les insectes, et dit : « Moines, je crois que je vais mourir. Je suis la personne la plus malheureuse au monde. »

Le Bouddha lui répondit : « Nous n'avons pas vu vos vaches. Essayez de chercher dans l'autre direction. » Puis, une fois l'homme parti, il se tourna vers ses moines et leur dit : « Mes amis, vous avez beaucoup de chance, vous ne possédez aucune vache. » Méditer, c'est laisser partir nos vaches quand elles sont trop nombreuses en nous ou autour de nous. Sans espace, nous ne pouvons pas être heureux. Nous croyons que tous nos projets et que toutes les choses qui nous préoccupent sont indispensables à notre bonheur. Mais nous nous trompons. Plus nous libérerons de vaches, plus nous serons heureux.

« Vivifiante, la lune du Bouddha voyage dans le ciel d'un vide absolu. » Ces vers donnent l'image d'une personne qui vit dans l'espace et la liberté. Nous pouvons faire tout ce que nous voulons librement – marcher, prendre le thé, discuter. Nous n'avons pas besoin d'être sous pression. Nous pouvons limiter le nombre de nos projets et les réaliser dans la joie et la sérénité. Nous avons le pouvoir de ne pas nous laisser entraîner par nos vaches. Notre liberté et notre bonheur sont trop importants pour être ainsi sacrifiés.

Nous devons arrêter de nous détruire corps et âme au nom d'un bonheur à venir. Apprenons à vivre l'instant présent dans la joie et à toucher la paix et le bonheur qui sont accessibles aujourd'hui. Si l'on nous demandait : « Avez-vous déjà vécu le plus beau moment de votre vie ? », nous répondrions sans doute : « Pas encore, mais cela ne saurait tarder. » Mais si nous continuons à vivre et à penser ainsi, il se pourrait que ce moment n'arrive jamais.

Nous devons faire de chaque instant le plus merveilleux instant qui soit et, pour y arriver, il nous faut arrêter : arrêter de courir après l'avenir, de nous préoccuper du passé, en somme arrêter d'accumuler les vaches. Vous êtes libre. Vous êtes vivant. Ouvrez les yeux et appréciez autour de vous la beauté du soleil, du ciel et des enfants. La respiration consciente vous aide à devenir ce qu'il y a de meilleur en vous – calme, vivifié, solide, libre et clair, capable d'apprécier l'instant présent et d'y voir le plus beau de votre vie.

CHAPITRE III

Comment transformer notre compost

En examinant une fleur avec attention, nous pouvons constater qu'elle est entièrement constituée d'éléments non-fleurs tels les rayons du soleil, la pluie, le sol, le compost, l'air et le temps. Si nous l'examinons encore plus attentivement, nous remarquerons également que la fleur se transforme peu à peu en compost. Si nous ne remarquons rien, nous serons très surpris le jour où la fleur commencera à se décomposer. Et en observant attentivement le compost, nous pouvons constater qu'il se transforme également en fleurs. Nous comprenons alors que les fleurs et le compost sont en « inter-être ». Tous deux ont besoin l'un de l'autre. Un bon jardinier apprécie le compost car il sait comment le transformer en soucis ou en roses.

Lorsque nous regardons en nous, nous pouvons voir aussi bien les fleurs que les détritus. Les détritus, nous en avons tous en nous : ce sont la colère, la haine, le découragement, les préjugés raciaux et d'autres encore. Mais que cela ne nous effraye pas. De la même façon qu'un jardinier sait transformer le compost en fleurs, nous pouvons apprendre à transformer la colère, le découragement et les préjugés raciaux en amour et en compréhension. C'est là tout le travail de la méditation.

Selon la psychologie bouddhiste, notre conscience est divisée en deux parties, comme une maison à deux étages : au rez-de-chaussée le salon, que nous appellerons la « conscience immédiate », et sous le rez-de-chaussée le sous-sol, que nous appellerons la « conscience enfouie ». Notre conscience enfouie stocke tout ce que nous avons fait, expérimenté ou perçu sous forme de graines ou de films. Notre sous-sol est un véritable entrepôt qui renferme toutes sortes de films enregistrés sur des cassettes vidéo. Et à l'étage, dans le salon, nous regardons les films projetés depuis le sous-sol.

Certains films – tels la colère, la peur ou le désespoir – semblent avoir la capacité de surgir du sous-sol sans y avoir été invités. Que nous le voulions ou non, ils ouvrent la porte du salon, s'installent dans nos magnétoscopes et nous avons alors le sentiment de n'avoir pas d'autre choix que de les regarder. Heureusement, chaque film a une durée limitée et, une fois fini, retourne au sous-sol. Mais le simple fait d'avoir regardé ce film lui donne plus d'importance, et nous savons alors que nous serons amenés à le revoir. Parfois, un stimulus extérieur – par exemple des paroles qui heurtent nos sentiments – déclenche la projection du film sur notre écran de télévision. Nous passons une grande partie de notre temps à regarder des films qui nous détruisent. Pour notre bien-être, il est important de savoir comment les arrêter.

Les textes traditionnels décrivent la conscience comme un champ, une parcelle de terre où l'on peut planter toutes sortes de graines – des graines de souffrance, de bonheur, de joie, de tristesse, de peur, de colère, d'espoir… La conscience enfouie est également décrite comme un entrepôt contenant toutes nos graines. Or, la qualité de notre vie dépend de la qualité des graines entreposées dans notre conscience enfouie.

Peut-être avons nous pris l'habitude de manifester dans notre conscience immédiate des graines de colère, de tristesse et de peur, et de rarement laisser germer les graines de joie, de bonheur et de paix.

Pratiquer un état de conscience signifie deux choses : savoir reconnaître les graines à mesure qu'elles surgissent de notre sous-sol, et savoir arroser aussi souvent que possible les graines les plus saines afin de les aider à pousser. Chaque fois que nous sommes conscients de la paix et de la beauté d'une chose, nous arrosons nos graines de paix et de beauté, et de belles fleurs éclosent dans notre conscience. La force de nos graines dépend du temps que nous passons à les arroser. Par exemple, si nous sommes face à un arbre et respirons consciemment pendant cinq minutes, nous arrosons pendant cinq minutes nos graines de bonheur et les rendons plus résistantes. Pendant ce temps, les autres graines, celles de la peur ou de la peine par exemple, n'auront pas été arrosées. Telle doit être notre pratique quotidienne.

Une graine qui se manifeste dans notre conscience immédiate retourne dans notre conscience enfouie toujours plus forte. Si nous prenons soin d'arroser nos bonnes graines, nous pouvons être certains que notre conscience enfouie accomplira son travail de guérison.

Notre corps a le pouvoir de se guérir. Chaque fois que nous nous coupons le doigt, nous nettoyons soigneusement la plaie et laissons à notre corps le temps de faire le travail de guérison. Tout comme notre corps, notre conscience dispose d'un pouvoir de guérison. Imaginez, par exemple, que vous rencontrez dans la rue une personne que vous n'avez pas vue depuis vingt ans et dont le nom vous échappe. La graine qu'elle représente dans votre mémoire n'a pas eu l'occasion de se manifester depuis très longtemps et s'est affaiblie. Sur le chemin du retour, vous essayez en vain de retrouver la graine du nom en question. Cette recherche finit par vous donner mal à la tête. Vous décidez alors de passer à autre chose et d'écouter plutôt votre disque préféré. Le lendemain matin, après une bonne nuit de sommeil, le nom vous revient subitement, au moment où vous vous y attendiez le moins. « Mais oui, bien sûr, c'est cela ! » En fait, pendant que vous dormiez et que votre conscience immédiate avait cessé de travailler, votre conscience enfouie, elle, continuait à chercher pour finalement vous donner la solution au réveil.

La guérison peut prendre bien des chemins. Au moment où nous ressentons de la colère, de la douleur ou du désespoir, la seule chose que nous ayons à faire est d'expirer et d'inspirer consciemment et de reconnaître le sentiment de colère, de douleur ou de désespoir. Nous pouvons ensuite laisser notre conscience faire le travail de guérison. Mais le simple fait de toucher notre douleur ne peut suffire à nous guérir. Et si nous ne sommes pas prêts, ce contact peut même aggraver les choses. Il nous faut avant tout nous fortifier et, pour cela, apprendre à toucher la joie et la paix. Il y a beaucoup de choses merveilleuses en nous et autour de nous, mais comme nous centrons notre attention sur ce qui ne va pas, nous ne sommes pas en mesure de toucher ce qui va bien. Pourtant, le simple fait d'expirer et d'inspirer et de toucher ce qui va bien facilite la guérison.

Souvent, notre douleur est si forte qu'il nous est difficile ne serait-ce que de toucher une fleur ou de prendre un enfant par la main. Mais en réalité, il nous suffit d'un petit effort pour que le fait de toucher ce qui est beau et sain devienne une habitude. De cette façon, nous pouvons aider notre conscience enfouie à faire son travail de guérison. Si nous touchons ce qui apporte la paix et la guérison en nous et autour de nous, nous aidons notre conscience enfouie à faire le travail de transformation et nous pouvons nous laisser guérir par les arbres, les oiseaux et la beauté des enfants. Sinon, nous ne ferons que revivre notre souffrance.

Dans notre conscience enfouie se trouve une graine merveilleuse : la graine de la pleine conscience. Une fois manifestée, cette graine a la capacité de nous rendre conscients de ce qui se passe dans l'instant présent. Si nous faisons un pas dans la paix et dans la joie et si nous le savons, nous sommes dans la pleine conscience. La pleine conscience facilite notre transformation et notre guérison. Mais sa graine est enterrée si profondément et depuis si longtemps sous des couches d'ignorance et de souffrance, que nous sommes rarement conscients d'avoir des yeux qui voient et un cœur, un foie et des dents en bon état. Nous vivons dans l'inconscience, recherchant le bonheur ailleurs sans voir qu'il est déjà en nous et autour de nous. Si nous inspirons et expirons et voyons que l'arbre est là, vivant et beau, la graine de notre pleine conscience sera arrosée et poussera mieux. Quand nous commençons à méditer, notre conscience est faible comme une ampoule de quinze watts. Mais dès lors que nous prêtons attention à notre respiration, notre conscience grandit et, au bout de quelques semaines de pratique, devient aussi lumineuse qu'une ampoule de cent watts. Lorsque la lumière de la pleine conscience brille, nous touchons de nombreuses choses merveilleuses en nous et autour de nous, et nous arrosons alors nos graines de paix, de joie et de bonheur, sans arroser en même temps nos graines de malheur.

Comme nous avons arrosé nos graines de malheur tous les jours, au début elles sont plutôt résistantes. Nos graines de colère ont été arrosées par notre compagnon et par nos enfants. Comme ils souffrent eux aussi, ils ne savent pas arroser autre chose que des graines de souffrance. Et lorsque ces graines sont fortes, elles surgissent du sous-sol, ouvrent la porte du salon et s'y installent. Ce moment-là n'a rien d'agréable. Nous pouvons bien sûr essayer de supprimer ces graines et de les garder enfermées au sous-sol, mais nous les avons tellement arrosées qu'elles sont devenues assez fortes pour s'imposer dans notre conscience immédiate.

Nous sommes nombreux à avoir sans cesse le besoin de faire quelque chose : écouter de la musique, regarder la télévision, lire un livre, un magazine, téléphoner… En voulant nous occuper à tout prix, nous essayons d'éviter de nous retrouver face aux problèmes et aux angoisses qui sont dans notre sous-sol. Mais si nous observons attentivement la nature de nos invités – la télévision, les livres, le téléphone… – nous remarquerons qu'ils contiennent souvent les mêmes toxines que les graines négatives que nous essayons tellement d'éviter. Même lorsque nous empêchons ces graines négatives d'entrer au salon, nous les arrosons et les rendons plus puissantes.

Pour être heureux, nous devons arroser la graine de la pleine conscience en nous. La pleine conscience est la graine de l'illumination, de la compréhension, de l'attention, de la compassion, de la libération, de la transformation et de la guérison. Si nous pratiquons la pleine conscience, nous entrons en contact avec les aspects agréables et joyeux de la vie en nous et autour de nous, aspects que nous ne sommes pas en mesure de toucher lorsque nous vivons dans l'ignorance. La pleine conscience rend notre regard, notre cœur, notre absence de mal aux dents, la lune, les arbres et toutes choses plus profondes et plus belles. Touchées dans la pleine conscience, elles révèlent leur splendeur. Quand nous touchons notre souffrance avec pleine conscience, nous commençons à la transformer. Quand un bébé pleure, sa mère le prend tout de suite dans ses bras. L'amour et la tendresse de la mère pénètrent alors le bébé qui cesse très vite de pleurer. La pleine conscience est la mère qui prend soin de votre souffrance chaque fois qu'elle se manifeste.

Quand la souffrance est au sous-sol, vous pouvez être dans la pleine conscience et cultiver vos graines de joie et de guérison. Et quand la souffrance voudra monter au salon, vous pourrez éteindre la télévision, fermer votre livre, ouvrir la porte et l'inviter à entrer. Vous pourrez lui sourire et l'entourer de votre pleine conscience, désormais plus puissante. Si la peur souhaite entrer, ne l'ignorez pas. Accueillez-la chaleureusement avec toute votre attention et dites-lui : « Peur, ma vieille amie, je te reconnais. » Si vous avez peur de votre peur, elle risque de vous dépasser. Mais si vous l'invitez à entrer calmement en lui souriant avec pleine conscience, elle perdra une partie de sa force. Au bout de quelques semaines de pratique, comme vos graines de pleine conscience auront été bien arrosées, vous serez suffisamment fort pour inviter votre peur à tout moment. Protégé par votre pleine conscience, vous serez en mesure d'entourer votre peur de toute votre attention.

Si vous entourez une petite douleur de votre attention, quelques minutes suffiront à la transformer. Contentez-vous d'inspirer, d'expirer et de lui sourire. Si votre douleur est plus forte, il vous faudra plus longtemps. Méditez dans la pleine conscience – en marchant ou assis – et entourez votre douleur de toute votre attention. Tôt ou tard elle sera transformée. Plus vous améliorez la qualité de votre conscience, plus la transformation sera rapide. Lorsque la pleine conscience embrasse la douleur, elle la pénètre et la transforme, tout comme les rayons du soleil pénètrent un bouton de fleur et l'aident à éclore. Quand la pleine conscience touche la beauté, elle en révèle la splendeur. Quand elle touche la douleur, elle la transforme et la guérit.

Une autre façon d'accélérer la transformation consiste à regarder les choses en profondeur. En examinant une fleur avec attention, nous pouvons voir les éléments non-fleurs qui lui permettent d'exister : les nuages, la Terre, le jardinier, le sol… En observant avec attention notre douleur, nous voyons qu'elle ne nous appartient pas totalement. De nombreuses graines de souffrance nous ont été transmises par nos ancêtres, nos parents et la société dans laquelle nous avons grandi. Nous devons reconnaître ces graines. Un garçon qui était venu faire une retraite au village des Pruniers m'a raconté l'histoire suivante. Quand il était jeune, il en voulait beaucoup à son père de se fâcher chaque fois qu'il tombait et se faisait mal. Il s'était juré que lorsqu'il serait grand, il serait différent. Il avait onze ans lorsqu'un jour sa petite sœur qui jouait avec d'autres enfants tomba d'une balançoire et se blessa au genou. Elle saignait et le garçon s'était mis en colère. Il avait eu envie de crier : « Tu aurais pu faire attention ! » mais se tut. Comme il avait pratiqué la pleine conscience, il savait reconnaître sa colère pour ce qu'elle était et ne fit rien.

Des adultes prirent soin de sa sœur. Pendant qu'ils nettoyaient sa plaie et lui bandaient le genou, le garçon s'éloigna lentement et se mit à observer avec attention ce qui s'était passé. Il se rendit compte qu'il avait réagi exactement comme son père et que s'il ne faisait rien pour soigner sa colère, il la transmettrait lui aussi à ses enfants. Cette prise de conscience était remarquable pour un enfant de onze ans. Il comprit également que son père était peut-être une victime et qu'il avait peut-être reçu sa graine de colère de ses propres parents. Grâce à sa pratique de l'observation profonde, il avait pu transformer sa colère en prise de conscience. Il alla ensuite voir son père pour lui dire qu'il pouvait désormais le comprendre et l'aimer profondément.

Lorsque nous sommes irrités et que nous disons quelque chose de méchant à notre enfant, nous arrosons en lui des graines de souffrance. Quand il réagit, il arrose des graines de souffrance en nous. Vivre ainsi renforce notre souffrance. En étant conscient, en inspirant et expirant calmement, nous pouvons observer en profondeur les différentes souffrances que nous avons en nous. Là, nous commençons à comprendre nos ancêtres, notre culture et notre société. Nous pouvons alors revenir et servir ceux qui nous entourent avec amour et compassion, sans faire de reproches. Grâce à notre perception, nous sommes capables d'être en paix et de nous réconcilier réellement. Quand vous éliminez le conflit avec les autres, vous éliminez aussi le conflit en vous. Une flèche peut sauver deux oiseaux en même temps – si vous touchez la branche, les deux oiseaux s'envoleront. Prenez d'abord soin de vous. Réconciliez les éléments conflictuels en vous en pratiquant la pleine conscience et la compréhension aimante. Puis réconciliez-vous avec vos proches en les comprenant et en les aimant, même s'ils manquent de compréhension.

Les graines de souffrance cherchent toujours à se manifester. Si nous essayons de les supprimer, nous empêchons la bonne circulation des énergies dans notre âme et nous nous sentons malade. La pratique de la pleine conscience nous aide à devenir assez fort pour ouvrir la porte du salon et laisser entrer la douleur. Chaque fois que notre souffrance est entourée de pleine conscience, elle perd de sa force et retourne affaiblie dans la conscience enfouie. Lorsqu'elle revient, si nous sommes là pour l'accueillir dans la pleine conscience comme une mère accueillerait son bébé, la douleur sera moins forte. Nous rétablissons alors une bonne circulation dans notre âme et commençons à nous sentir mieux. Si le sang circule bien dans notre corps, nous ressentons du bien-être. Si l'énergie de nos formations mentales circule bien entre notre conscience enfouie et notre conscience immédiate, nous ressentons aussi du bien-être. Nous n'avons pas besoin d'avoir peur de notre douleur si nous sommes pleinement conscient pour l'embrasser et la transformer.

Notre conscience est la totalité de nos graines, la totalité de nos films. Si nos bonnes graines sont fortes, nous seront plus heureux. La méditation aide la graine de la pleine conscience à pousser et à se développer comme la lumière en nous. Si nous vivons pleinement conscient de chaque instant, nous saurons comment arroser les graines de joie et transformer les graines de tristesse et de souffrance. Et la compréhension, la compassion et l'amour fleuriront en nous.

CHAPITRE IV

Nous sommes arrivés

Un jour, alors que j'étais assis dans un bus, en Inde, en train d'apprécier le paysage par la fenêtre, je remarquai que l'ami qui s'occupait d'organiser mon voyage semblait plutôt tendu. Mon ami appartenait à cette caste exclue de la société depuis des milliers d'années.

Comme je savais qu'il était soucieux de rendre mon séjour agréable, je lui dis : « S'il te plaît, détends-toi. J'apprécie déjà ce voyage. Tout va bien. » Il n'avait vraiment aucune raison de s'inquiéter. Il se rassit et sourit. Mais, peu après, il était à nouveau tendu. En le regardant, je vis alors toutes ses luttes et toutes les luttes que sa caste avait connues depuis quatre ou cinq mille ans. Aujourd'hui, en organisant mon voyage, il continuait de combattre. Il ne parvenait à se détendre à aucun moment.

Nous avons tous tendance à combattre dans notre corps et dans notre esprit. Nous pensons que le bonheur n'est possible que dans l'avenir, et c'est pourquoi il est très important de pratiquer « Nous sommes arrivés ». Le fait de prendre conscience que nous sommes déjà arrivés, que nous sommes déjà là, que nous n'avons pas besoin d'aller plus loin, peut nous apporter la paix et la joie. Toutes les conditions nécessaires à notre bonheur sont déjà réunies. Il nous suffit de nous autoriser à être dans l'instant présent pour pouvoir les toucher.

Assis dans le bus, mon ami ne s'autorisait toujours pas à être dans l'instant présent. Il se demandait sans cesse ce qu'il pouvait faire pour que je sois bien alors que je l'étais déjà. Je lui suggérai de s'autoriser à être dans l'ici-et-maintenant. Mais l'énergie latente qui le poussait à combattre était ancrée en lui depuis si longtemps que cela lui était difficile. Même une fois arrivé et descendu du bus, il n'était toujours pas capable d'être en paix avec lui-même. Mon voyage en Inde se déroula très bien : tout avait été parfaitement organisé par ses soins. Mais je crains qu'il ne soit toujours pas capable de se détendre aujourd'hui.

Nous sommes sous l'influence des générations qui nous ont précédés. La pratique du détachement et de l'observation profonde consiste à arrêter le flux d'énergie latente nourrie par nos graines négatives. Si nous sommes capables de lâcher-prise, nous arrêtons toutes ces énergies et mettons fin au cycle des existences, le *samsara.*

La joie, la paix, la liberté et l'harmonie ne sont pas seulement liées à l'individu. Nous devons vivre d'une façon qui nous permette de libérer les générations passées et futures que nous portons en nous. Si nous ne libérons pas nos ancêtres, nous en serons prisonniers toute notre vie et transmettrons nos chaînes à nos enfants et à nos petits-enfants. Le temps est venu de les libérer. De nous libérer. Tel est l'enseignement de l'« inter-être ». Aussi longtemps que les ancêtres en nous seront dans la souffrance, nous ne pourrons être vraiment heureux. Faire un pas en touchant la terre avec conscience, liberté et bonheur, c'est faire un pas pour toutes les générations passées et à venir. Nous arrivons et trouvons tous la paix ensemble, au même moment.

Il y a en chacun de nous un bébé à protéger. C'est l'enfant des générations futures, et la meilleure façon d'en prendre soin est de pratiquer la pleine conscience. Cet enfant est là avant même d'avoir été conçu. En prenant soin de lui aujourd'hui, nous serons prêts le jour où le médecin viendra nous confirmer que nous attendons un bébé. Pour nous y préparer, l'idéal est de pratiquer l'art de la pleine conscience.

L'*Avatamsaka-Sûtra* raconte ainsi l'histoire de Mahamaya, la mère du Bouddha, et d'un jeune homme nommé Sudhana qui avait fait le vœu d'atteindre l'illumination. Mahamaya vivait dans la paix et la pleine conscience et sa présence joyeuse était un ravissement pour tous ceux qui l'approchaient. Quand elle sut qu'elle était enceinte, elle était prête. Le maître de Sudhana, le bodhisattva Mañjushrî, demanda à son élève d'aller développer sa compréhension dans le monde. Sudhana partit donc en pèlerinage. Au cours de ses voyages, il rencontra trente-trois maîtres : des intellectuels, des ouvriers, des enfants, des moines, des nonnes, des laïcs, des bouddhistes et des non-bouddhistes – cela pour nous enseigner que nous pouvons apprendre de tous. Mahamaya était l'un d'eux.

Sudhana vit qu'il n'était pas facile d'avoir un rendez-vous avec la mère du Bouddha. Comme on lui avait dit que s'il voulait vraiment la rencontrer il lui fallait méditer profondément, Sudhana s'assit en lotus et commença à respirer consciemment. Soudain, une gigantesque fleur de lotus à cent millions de pétales surgit de terre juste devant lui.

En un éclair, il se retrouva assis sur l'un des ces pétales qui, lui-même, était un gigantesque lotus à cent millions de pétales. En face de lui se tenait Mahamaya. Elle était assise sur un autre lotus géant, et le pétale sur lequel elle reposait était lui aussi un lotus à cent millions de pétales. Sudhana sourit avec joie en s'inclinant devant la mère du Bouddha.

Mahamaya pouvait voir que Sudhana cherchait à atteindre l'illumination et lui dit : « Je te félicite, jeune homme. Je suis ravie de te voir. Je suis la mère de tous les bouddhas du cosmos – passés, présents et à venir. » Puis elle ajouta : « Jeune homme, lorsque j'étais enceinte de Siddharta, le Bouddha Sakyamuni, des centaines de millions de bouddhas et de bodhisattvas sont venus de tous les coins de l'univers pour saluer mon fils. Je ne pouvais leur refuser, et tous entrèrent dans ma matrice en même temps. Et tu sais, il y avait largement assez de place pour tous. »

A ce moment-là, Sudhana fit le vœu d'atteindre l'illumination afin d'éveiller tous les êtres vivants. C'est alors qu'il sentit tous les bouddhas de l'univers étendre leurs bras vers lui pour le féliciter. Quand on jure de devenir un bodhisattva, l'univers entier en ressent les effets et cela peut suffire à changer le monde. Tous les bouddhas le savent et viennent alors vous féliciter et vous sourire.

Le même sûtra nous dit aussi que le jour où Matrice de Diamant atteignit le plus haut des dix états de bodhisattva et présenta son expérience de la méditation, de nombreux bodhisattvas vinrent l'écouter. Une fois qu'il eut terminé, des millions d'autres bodhisattvas apparurent de tous les coins de l'univers et lui dirent : « Félicitations ! Nous nous appelons aussi Matrice de Diamant et nous tenons exactement le même discours que toi dans tout l'univers. »

Ces images illustrent le principe de l'inter-être : l'un est le tout et le tout est un. Prendre soin de votre bébé, c'est prendre soin de toute chose qui est. Dans l'*Avatamsaka-sûtra,* le *dharmadhâtu* – monde de la Loi – est décrit comme un monde de lumière et d'inter-être. La lune est en moi. Mon aimé est en moi. Ceux qui me font souffrir sont aussi en moi. Le monde de souffrance et de séparation dans lequel nous vivons est appelé *lokadhâtu.* C'est un monde où les choses existent les unes en dehors des autres – je suis en dehors de toi, Saddam Hussein est en dehors de George Bush. Alors que dans le dharmadhâtu, le président Hussein est « dans » le président Bush et il n'y a ni haine, ni reproches. Avec le dharmadhâtu, nous sommes dans le monde merveilleux de l'inter-être. La vie et la mort sont en inter-être. Personne n'a plus peur de la mort puisque mourir signifie aussi naître à autre chose. Un nuage qui meurt devient pluie. Pour nourrir notre être, il nous faut entrer dans le dharmadhâtu.

En fait, le dharmadhâtu n'est pas différent du lokadhâtu. En faisant un pas pleinement conscient et en touchant ainsi la terre, nous pénétrons le dharmadhâtu et sommes entourés de lumière. Nous sommes toutes choses, il n'y a plus de séparation. Tout ce que nous faisons pour nous-même nous le faisons pour les autres, et tout ce que nous faisons pour les autres nous le faisons pour nous-même. Pratiquer la pleine conscience, c'est prendre soin du mieux que nous pouvons de l'enfant que nous portons et lui donner naissance à chaque instant de notre vie. Chaque fois que nous sommes éveillé, un bébé Bouddha naît. Quand nous pratiquons la paix et quand nous pouvons sourire, notre paix peut influencer l'univers entier. Chacun de nous porte un Bouddha en lui. Nous sommes tous des Bouddha en puissance. Nous sommes tous des Bouddha en devenir. Il nous faut prendre soin de notre bébé Bouddha.

Siddharta était déjà grand et pratiquait la méditation depuis plusieurs années – en observant attentivement son corps, ses sensations, ses perceptions, ses formations mentales et sa pleine conscience – lorsqu'un jour, le Bouddha en devenir sentit qu'il allait avoir une révélation. Il méditait sous un splendide figuier lorsqu'il eut le sentiment qu'il atteindrait l'illumination complète et deviendrait un Bouddha au cours de la nuit. C'est alors qu'apparut Mara. Mara peut apparaître sous la forme du doute, mais aussi de la colère, de l'ombre, de la jalousie, du désir, du désespoir... Lorsque nous sommes incertains ou sceptiques, c'est Mara. Lorsque nous sommes en colère, irrités ou que nous manquons de confiance en nous, c'est encore Mara. Dans le passé, Siddharta avait souvent reçu la visite de Mara. Il savait que la meilleure façon de se comporter avec lui était d'être très gentil.

Ce jour-là, Mara avait pris la forme du scepticisme et lui dit : « Pour qui te prends-tu ? Tu crois que tu peux atteindre la grande illumination ? Ne vois-tu pas combien le monde est plein d'ombre, de désespoir et de confusion ? Comment peux-tu espérer tout faire disparaître ? » Siddharta souriait, confiant. Mara continua : « Je sais que tu as pratiqué. Mais as-tu pratiqué suffisamment ? Qui pourra dire que tu as travaillé assez dur et assez longtemps ? Qui témoignera que tu peux atteindre l'illumination ? » Mara demandait qu'on lui confirme que Siddharta allait bien devenir un Bouddha, un être totalement éveillé. Alors Siddharta toucha la terre de sa main droite, avec toute sa conscience, très profondément, et dit : « La Terre témoignera pour moi. » Soudain, la terre se mit à trembler et lui apparut sous la forme d'une déesse, lui offrant des fleurs, des feuilles, des fruits et des parfums. Puis elle regarda Mara, et Mara disparut.

Mara continua de rendre visite au Bouddha même après qu'il eut atteint l'illumination. Bouddha avait passé un an et demi à enseigner lorsqu'il décida de retourner dans sa ville natale, Kapilavastu, afin de partager son expérience avec sa famille et ses amis. Un jour, alors qu'il était assis seul, absorbé dans la pensée qu'il devait bien exister un moyen non violent de gouverner un pays et d'apporter le vrai bonheur aux gens – en évitant les souffrances de la prison, de la torture, des exécutions et de la guerre – Mara lui apparut et lui dit : « Bouddha, pourquoi ne ferais-tu pas de la politique ? Si tu étais un politicien, tu pourrais utiliser ta sagesse et tes connaissances… » Alors Bouddha le regarda dans les yeux et lui dit : « Mara, mon vieil ami, je te connais bien tu sais… », et Mara disparut. Bouddha ne voulait pas faire de politique, il voulait juste être moine. Il savait que Mara essayait de le séduire et eut simplement à le reconnaître et à lui sourire. Si nous reconnaissons Mara pour ce qu'il est, tout ira bien.

Parfois, nous aussi nous touchons la terre, mais nous n'y mettons pas assez de profondeur. Lorsque le Bouddha toucha la terre de sa main, il le fit de toute sa pleine conscience. Au village des Pruniers, lorsque Mara nous rend visite – quand nous nous sentons irrités, en colère, malheureux ou que nous manquons de confiance en nous –

nous pratiquons la méditation marchée en touchant la terre de nos pieds, profondément. Si nous le faisons avec pleine conscience et dans la joie, Mara nous quitte en moins d'une heure.

La Terre, notre mère, nous a donné la vie bien des fois et, la mort venue, elle nous a chaque fois reçu dans ses bras. C'est parce qu'elle sait tout de nous que le Bouddha l'invoqua comme témoin. Elle apparut sous la forme d'une déesse et lui offrit des fleurs, des feuilles, des fruits et des parfums. Puis elle regarda simplement Mara en lui souriant, et Mara disparut. Mara est peu de chose en présence de la Terre. Si chaque fois qu'il s'approche de vous, vous venez à la Terre et Lui demandez Son aide en La touchant de tout votre être, comme le fit Bouddha, Elle vous offrira des fleurs, des fruits, des papillons et bien d'autres présents… Puis, d'un seul regard elle fera disparaître Mara.

Nous avons tant de raisons d'être heureux. La Terre est pleine d'amour et de patience pour nous. Chaque fois qu'Elle nous voit souffrir, Elle nous protège. La Terre est notre refuge et nous n'avons à avoir peur de rien, pas même de mourir. Lorsque nous marchons avec pleine conscience sur la Terre, nous sommes nourris par les arbres, les buissons, les fleurs et le soleil. Toucher la Terre est une méditation très profonde qui peut nous faire retrouver la paix et la joie. Nous sommes les enfants de la Terre. Nous avons besoin de la Terre et la Terre a besoin de nous. Selon notre façon de marcher, la Terre sera belle, fraîche et verte, ou aride et desséchée. Touchez la Terre, faites-le avec pleine conscience, concentration et dans la joie. Elle vous guérira et vous La guérirez.

L'une des meilleures façons de toucher la Terre est de pratiquer la méditation marchée, ou promenade méditative. Nous marchons lentement et au rythme de notre respiration, nous massons la Terre et semons en elle des graines de joie et de bonheur à chaque pas.

Nous n'essayons pas d'aller quelque part : nos pas nous font simplement arriver là où nous sommes. En inspirant, nous pensons *« Dedans... »* à chaque pas. Si nous marchons trois pas pendant une inspiration, nous nous disons tout bas *« Dedans... dedans... dedans... »*, puis nous faisons la même chose en expirant. Si notre expiration dure quatre pas, nous nous disons alors *« Dehors... dehors... dehors... dehors... »*. A l'écoute des besoins de nos poumons, nous respirons et marchons en harmonie. Si nous montons une colline, sans doute ferons-nous moins de pas pendant une respiration. En marchant, nous faisons descendre notre attention jusque dans nos pieds. Nous respirons à partir de la plante de nos pieds. Nous ne restons pas bloqués dans notre tête ou notre poitrine, là où sont nos pensées et nos émotions.

Après avoir pratiqué cette méditation pendant cinq ou dix respirations, vous pouvez avoir envie de pratiquer la méditation de la fleur en vous disant : *« Fleur... fleur... fleur... »* à l'inspiration, et *« Fraîcheur... fraîcheur... fraîcheur... »* à l'expiration. Votre florescence et votre fraîcheur vous viennent de la Terre et de l'air. En marchant, vous pouvez donner la main à un enfant. Il recevra votre concentration et votre stabilité et vous recevrez son innocence et sa fraîcheur. J'ai proposé aux enfants du village des Pruniers un chant tout simple pour la promenade méditative. Je souhaitais qu'ils réagissent positivement face à la vie, à la société, à la Terre… Je leur ai suggéré de dire *« Oui... oui... oui... »* à chaque inspiration et *« Merci... merci... merci... »* à chaque expiration. Les enfants ont beaucoup aimé cette méditation.

Après avoir pratiqué « Fleur/Fraîcheur », vous pouvez passer à « Montagne/Solide ». Faites chaque exercice aussi souvent que vous en avez envie, en appréciant votre marche et sans chercher à arriver ailleurs que dans l'instant présent. Vous pouvez faire ces méditations en sortant de votre bureau, en allant à une réunion, pendant que vous faites votre marché ou dès que vous y pensez. Accordez-vous le temps de marcher. Si votre trajet ne nécessite que trois minutes, donnez-vous-en huit ou dix. Quand je vais à l'aéroport, je me donne toujours une heure de marge afin de pouvoir méditer en marchant. Et si mes amis insistent pour me retenir en ville jusqu'au dernier moment, je ne cède pas. Je leur explique que j'ai besoin de ce temps.

Pour renforcer nos graines de pleine conscience, il peut parfois être utile de méditer dans un parc ou dans un bel endroit calme. Nous marchons alors lentement, mais sans attirer l'attention. C'est en quelque sorte une méditation invisible. Nous pouvons ainsi apprécier la nature et notre sérénité sans déranger les autres. Si nous avons envie de toucher le ciel, la colline, un arbre ou un oiseau, nous pouvons nous arrêter. Mais nous devons continuer d'inspirer et d'expirer consciemment, sans quoi nos pensées reviendront tôt ou tard, et les arbres et l'oiseau disparaîtront. Au village des Pruniers, nous pratiquons toujours la méditation marchée quand nous nous rendons d'un endroit à un autre, même pour de courtes distances. Chaque fois que je vois quelqu'un marcher avec pleine conscience, la cloche de la vigilance retentit en moi : si j'ai perdu ma pleine conscience, je la retrouve immédiatement. Dans une communauté, nous pouvons beaucoup nous aider les uns les autres.

Il ne nous est pas nécessaire de combattre pour arriver ailleurs. Nous savons que notre destination finale est le cimetière. Pourquoi sommes-nous si pressés d'y arriver ? Pourquoi ne pas plutôt marcher vers la vie, vers l'instant présent ? Si nous pratiquons la méditation marchée ne serait-ce que quelques jours, nous serons profondément transformés et nous apprendrons comment apprécier la paix à chaque moment de notre vie. Nous sourirons, et partout dans le cosmos un nombre infini de bodhisattvas nous souriront en retour tant notre paix sera profonde. Tout ce que nous pensons, sentons et faisons a un effet sur nos ancêtres, sur les générations futures, et se reflète partout dans l'univers. C'est pourquoi nos sourires aident tout le monde.

Tel est l'enseignement de l'*Avatamsaka-sûtra.* Pour prendre soin de notre bébé, il nous suffit d'arrêter de combattre. Chaque pas est paix. Nous sommes déjà arrivés.

CHAPITRE V

Le bonheur de l'autre

La pratique de la pleine conscience est la pratique de l'amour. Afin d'encourager ceux qui s'apprêtent à vivre à deux à pratiquer la pleine conscience, j'ai demandé à mes étudiants de m'aider à ouvrir un institut du Bonheur. Pendant un an, dans cet institut, chaque étudiant pratique l'observation profonde, seul cours au programme, en vue de découvrir toutes les fleurs et tout le compost en lui : les siens, mais aussi ceux hérités de ses ancêtres et de la société. A la fin de ce cours, chaque étudiant reçoit un certificat d'aptitude au mariage. Je pense que cette pratique est importante pour tous les jeunes couples sur le point d'entreprendre ce long voyage de découverte mutuelle qu'est le mariage. Ceux qui n'auront pas pris le temps de bien se connaître et de défaire leurs nœuds intérieurs avant de se marier risquent de vivre une première année difficile.

Au début d'une relation, nous nous sentons tout excité, enthousiaste et plein d'envie d'aller de l'avant. Mais nous ne nous connaissons pas encore très bien l'un et l'autre. A vivre ensemble vingt-quatre heures sur vingt-quatre, nous voyons, entendons et vivons de nombreuses choses que nous n'avions pas même imaginées auparavant. Quand nous sommes tombé amoureux, nous avons construit une merveilleuse image que nous avons projetée sur notre partenaire ; mais à mesure que nos illusions disparaissent et que nous découvrons la réalité, nous sommes quelque peu choqué. Si nous ne savons pas comment pratiquer la pleine conscience et l'observation profonde avec notre partenaire, notre amour risque de nous sembler difficile à nourrir.

Dans la psychologie bouddhiste, le mot *samyojana* désigne les formations internes, les nœuds. Par exemple, lorsqu'une personne nous irrite en nous disant des choses désagréables, un nœud se forme en nous. Le manque de compréhension est à la base de tous nos nœuds intérieurs. En pratiquant la respiration consciente, nous pouvons apprendre à reconnaître le nœud dès qu'il se forme et à trouver des moyens pour le défaire. Nous devons accorder toute notre attention à ces formations internes dès l'instant où elles apparaissent : si nous ne dénouons pas rapidement ces nœuds, ils grandissent, se renforcent et nous avons de plus en plus de difficultés à nous en débarrasser. Comme notre mental a du mal à accepter ses sentiments négatifs (la colère, la peur, le regret…), il s'arrange pour les enterrer dans des parties éloignées de notre conscience, et nous créons des systèmes de défense très élaborés afin de renier leur existence. Mais ces sentiments désagréables essaient sans cesse de remonter à la surface.

La première chose à faire si nous voulons nous occuper de nos formations internes inconscientes est d'essayer de les amener à la conscience. Pour accéder jusqu'à elles, il nous faut méditer en pratiquant la respiration consciente. Peut-être se révéleront-elles alors sous forme d'images, de sensations, de pensées, de mots ou d'actions ? Peut-être ressentirons-nous de l'anxiété et peut-être nous demanderons-nous : « Mais pourquoi me suis-je donc senti si mal quand il a dit ça ? », ou : « Pourquoi ai-je tant détesté ce personnage dans ce film ? », ou encore : « Pourquoi est-ce que je continue à faire ça ? » La pratique de l'observation profonde peut nous amener à percevoir la présence d'une formation interne. Puis, à la lumière de notre pleine conscience, cette formation interne commence à se dévoiler. Il se peut que nous sentions des résistances mais, si nous avons l'habitude d'observer nos sentiments en pratiquant la méditation assise, le cœur du nœud se révélera peu à peu et nous commencerons à voir comment le dénouer. En procédant ainsi, nous arrivons à connaître nos formations internes et faisons la paix avec nous-même.

Il est important de pratiquer de cette façon quand nous vivons à deux. Pour préserver notre bonheur et celui de l'autre, nous devons apprendre à transformer nos formations internes dès l'instant où elles apparaissent. Une femme m'a ainsi raconté que trois jours après son mariage, son mari avait fait naître en elle de nombreuses formations internes. Mais de peur de créer un conflit, elle ne lui en avait pas parlé et cela avait duré pendant trente ans. Comment pouvons-nous être heureux sans une réelle communication ? Si nous ne vivons pas dans la pleine conscience, nous semons des graines de souffrance dans les personnes mêmes que nous aimons.

La pratique n'est pas difficile lorsque les deux partenaires sont souples et ont encore peu de formations internes. Il nous suffit de regarder ensemble le malentendu à l'origine du nœud, puis de le dénouer. Par exemple, si nous entendons notre mari raconter une histoire en exagérant, il se peut que nous sentions un nœud d'irrespect se former en nous. Mais si nous lui en parlons tout de suite et arrivons à avoir une explication claire, le nœud se dénouera facilement.

Si nous pratiquons l'art de vivre ensemble dans la pleine conscience, nous pouvons y arriver. Nous voyons que, comme nous, l'autre porte aussi en lui des fleurs et des détritus, et nous l'acceptons. Notre rôle est d'arroser sa florescence et non de lui apporter plus de détritus. Evitons les reproches et les disputes. Si nous essayons de faire pousser des fleurs et si elles poussent mal, nous n'allons pas le leur reprocher ou nous fâcher contre elles. Nous nous en voudrons juste de ne pas avoir su comment prendre correctement soin d'elles. Notre partenaire est une fleur. Si nous prenons bien soin de lui il s'épanouira, sinon il se fanera. Pour aider une fleur à bien pousser, nous devons comprendre sa nature. Lui faut-il beaucoup d'eau ? Beaucoup de soleil ? Nous regardons profondément en nous pour voir notre vraie nature et nous faisons de même avec l'autre.

« Ainsité » est un terme technique qui signifie vraie nature. C'est la vraie nature de chaque chose qui nous permet de la reconnaître. La vraie nature de l'orange, par exemple, nous empêche de la confondre avec un citron. Dans ma communauté, nous connaissons bien la vraie nature du gaz. Nous savons qu'il peut être très dangereux : s'il y a une fuite dans la pièce où nous dormons et si quelqu'un frotte une allumette, cela peut nous tuer. Mais nous savons aussi que le gaz nous aide à préparer de délicieux repas, aussi l'invitons-nous à vivre en paix avec nous.

J'aimerais vous raconter une petite histoire sur l'ainsité. A l'hôpital psychiatrique de Ben Hoa, il y avait un patient qui, de prime abord, semblait parfaitement normal. Il mangeait, parlait et faisait tout comme vous et moi, à la différence cependant qu'il se prenait pour un grain de maïs. Ainsi, à chaque fois qu'il voyait un poulet, il se sauvait en courant, persuadé que sa vie était en danger. Il ne connaissait pas sa nature profonde. Quand l'infirmière eut fait part de son cas au médecin, celui-ci alla trouver le malade et lui dit : « Monsieur, vous n'êtes pas un grain de maïs, vous êtes un être humain. Vous avez des cheveux, des yeux, un nez, des bras... » Puis après l'avoir ainsi sermonné, il lui demanda : « Et maintenant, dites-moi ce que vous êtes... » L'homme répondit : « Docteur, je suis un être humain, je ne suis pas un grain de maïs », et le médecin fut très satisfait. Toutefois, par précaution, il demanda à l'homme de se répéter chaque jour quatre cents fois la phrase : « Je suis un être humain, je ne suis pas un grain de maïs », et de la copier en plus trois cents fois. L'homme fit l'exercice avec une véritable dévotion. Il ne sortait plus et restait dans sa chambre à répéter et à recopier la phrase exactement comme le lui avait prescrit le médecin.

Un mois plus tard, le médecin revint prendre de ses nouvelles. « Il va très bien, lui dit l'infirmière, il reste dans sa chambre et fait scrupuleusement les exercices que vous lui avez donnés. » Le médecin se rendit dans la chambre de son patient :

– « Alors, comment allez-vous aujourd'hui ? lui demanda-t-il.

– Très bien, merci docteur.

– Vous pouvez me dire ce que vous êtes ?

– Oh ! oui, répondit l'homme, je suis un être humain, je ne suis pas un grain de maïs ! »

Ravi, le médecin lui annonça qu'il allait bientôt pouvoir rentrer chez lui et lui demanda de l'accompagner à son bureau. A ce moment-là, il croisèrent un poulet et l'homme, terrorisé, s'enfuit à toutes jambes. L'infirmière ne le retrouva qu'une heure plus tard. Le médecin était très troublé. « Je ne comprends pas, dit-il, vous m'aviez pourtant bien dit que vous n'étiez pas un grain de maïs mais un être humain. Alors pourquoi vous êtes-vous sauvé en voyant le poulet ? » L'homme répondit : « Bien sûr, moi je sais quc jc suis un être humain. Mais qui me dit que le poulet le sait aussi ? »

L'homme avait eu beau pratiquer ses exercices, il n'était toujours pas capable de voir sa vraie nature, ni de comprendre celle du poulet. Chacun de nous possède sa propre nature. Pour vivre heureux et dans la paix avec quelqu'un d'autre, il nous faut comprendre aussi bien notre propre nature que celle de l'autre. Vivre ensemble devient alors plus facile.

Méditer, c'est regarder profondément dans la nature des choses, dans notre propre nature et dans celle de l'autre. En voyant la vraie nature de l'autre, nous découvrons aussi toutes ses difficultés, ses aspirations, ses souffrances et ses peurs. Nous pouvons, par exemple, nous asseoir, prendre la main de notre partenaire, le regarder profondément et lui dire : « Mon chéri, est-ce que je te comprends bien ? Est-ce que j'arrose tes graines de souffrance ? Tes graines de joie ? Dis-moi comment faire pour mieux t'aimer. »

Si ces paroles viennent du fond de notre cœur, peut-être nous mettrons-nous à pleurer. C'est bon signe. Cela signifie que la porte de la communication est en train de s'ouvrir à nouveau.

Le fait de parler dans l'amour est un aspect important de la pratique. Nous devrions féliciter l'autre et lui montrer notre approbation chaque fois que nous apprécions ce qu'il fait. Cela est particulièrement vrai pour les enfants : nous devons les aider à renforcer leur estime de soi. Pour les aider à grandir, nous devons apprécier ce qu'ils font ou disent et les féliciter. Ne considérons pas que les choses sont acquises. Si l'autre fait preuve d'une capacité particulière à aimer et à créer le bonheur, nous devons en être conscient et lui dire que nous en sommes heureux. C'est ainsi que nous arrosons les graines de bonheur. Au lieu de faire des remarques destructrices comme : « Je doute que tu puisses faire ceci… », disons plutôt : « Je sais que c'est difficile, mon chéri, mais je crois que tu peux y arriver. » De telles paroles fortifient l'autre.

Quand un problème surgit, si nous nous sentons assez calme pour en parler dans l'amour et la non-violence, nous pouvons le faire tout de suite. Sinon il est préférable de ne pas parler et de respirer. Nous pouvons aussi aller méditer en marchant à l'air frais, en regardant les arbres, les nuages, la rivière… Une fois que nous nous sentons calme et capable de parler dans l'amour, alors nous pouvons commencer à parler vraiment. Si le sentiment d'irritation remonte en nous pendant la discussion, arrêtons tout et respirons. C'est cela, la pleine conscience.

Nous avons tous besoin de changer et de grandir. Au moment où nous nous marions, nous pouvons faire la promesse de changer, de grandir ensemble et de partager les fruits de notre pratique. Un couple heureux qui vit dans la compréhension et l'harmonie fait profiter beaucoup de monde de son bonheur et de sa joie. Si vous êtes un couple marié depuis dix ou vingt ans, cette pratique est tout aussi valable. Vous pouvez aussi suivre les cours de notre institut et continuer à développer la pleine conscience dans vos vies en apprenant l'un de l'autre. Et si vous pensez que vous savez déjà tout sur votre partenaire, vous vous trompez ! Les physiciens étudient l'électron depuis des années et ne prétendent toujours pas tout savoir sur le sujet. Comment pouvez-vous penser tout savoir sur un être humain ? A être dans cet état d'esprit avec votre partenaire, petit à petit vous le faites mourir…

Si les choses deviennent trop difficiles, plutôt que d'envisager le divorce j'espère que vous ferez l'effort de préserver votre mariage et de revenir à votre partenaire dans une plus grande harmonie et une meilleure compréhension. Beaucoup de personnes ont divorcé trois ou quatre fois et continuent de faire les mêmes erreurs. Si vous pouvez prendre le temps d'ouvrir la porte de la communication, la porte de votre cœur, et partager vos souffrances et vos rêves avec l'autre, vous aurez fait quelque chose pour vous-même, pour vos enfants et pour nous tous.

Au village des Pruniers et à l'institut du Bonheur, nous célébrons chaque semaine la cérémonie du Renouveau. Pendant cette cérémonie, les membres de la communauté sont assis en cercle autour d'un vase garni de fleurs fraîchement cueillies. Chacun commence par suivre sa respiration en attendant que la cérémonie soit ouverte. Elle comprend trois phases : arroser les fleurs, exprimer les regrets, exprimer les difficultés et les souffrances. C'est une pratique qui permet d'éviter que des sentiments de souffrance naissent au fil des semaines et qui contribue au bien-être et à la sécurité de chaque membre de la famille et de la communauté.

Nous commençons donc par arroser les fleurs. Quand une personne est prête à s'exprimer, elle joint ses mains. Les autres font de même pour lui dire qu'elle a le droit de parler. Alors la personne se lève, marche lentement jusqu'aux fleurs, prend le vase et retourne à sa place. Quand elle parle, ses mots reflètent la beauté et la fraîcheur des fleurs qu'elle tient. Pendant cette première partie, ceux qui s'expriment reconnaissent la beauté et la pureté des qualités des autres – la pleine conscience permet de voir des points forts chez tous. Personne ne peut interrompre celui qui tient les fleurs. Il peut parler aussi longtemps qu'il en ressent le besoin et les autres l'écoutent profondément. Une fois qu'il a terminé, il se lève et va remettre le vase au centre du cercle.

Dans la seconde partie de la cérémonie, nous exprimons nos regrets pour les fois où nous avons blessé les autres. Une simple phrase prononcée sans réfléchir suffit parfois à faire du mal. La cérémonie du Renouveau nous donne ainsi l'occasion de nous souvenir de choses que nous avons regretté avoir faites pendant la semaine et nous permet de nous en libérer.

Durant la troisième partie de la cérémonie, chacun exprime en quoi il a pu se sentir blessé par les autres. Nous voulons guérir la communauté et non lui faire du tort ; être francs, non détruire. C'est pourquoi il est très important de parler dans l'amour et d'écouter profondément. Si nous parlons à des amis qui pratiquent une écoute attentive, nos paroles seront plus belles et plus constructives. Nous ne faisons pas de reproches, nous ne cherchons pas la dispute.

Il est très important de savoir écouter avec compassion. Ecouter avec compassion, c'est écouter avec la volonté de soulager l'autre de sa souffrance, sans le juger ni chercher la dispute. C'est écouter avec toute notre attention. Et même si nous entendons une chose que nous estimons fausse, nous devons continuer à écouter profondément afin de permettre à l'autre d'exprimer sa souffrance jusqu'au bout et de se libérer de ses tensions. Si nous répondons ou si nous corrigeons la personne, la pratique ne servira plus à rien. Ecoutons simplement. Si nous voulons faire remarquer à l'autre que sa perception n'était pas juste, nous pouvons attendre quelques jours et le lui dire calmement, en privé. C'est ainsi peut-être lui, à la cérémonie du Renouveau suivante, qui rétablira la vérité sans que nous ayons à intervenir.

Nous avons ensuite plusieurs façons de clore la cérémonie. Ce peut être par une chanson, ou encore en nous mettant en cercle, mains dans les mains, et en respirant ensemble consciemment pendant une minute. Parfois aussi, nous pratiquons la méditation de l'étreinte. La cérémonie terminée, nous nous sentons toujours légers et soulagés, même si nous n'avons fait qu'un tout petit pas vers la guérison. Nous avons maintenant confiance : puisque nous avons pu commencer, nous sommes capables de continuer. Les cérémonies du Renouveau datent du Bouddha. A l'époque, ses communautés de moines et de nonnes la célébraient la veille de chaque pleine lune et de chaque nouvelle lune.

C'est par contre moi qui ai inventé la méditation de l'étreinte. La première fois que j'ai découvert l'étreinte, c'était à Atlanta, en 1966. Au moment de me dire au revoir, la femme qui m'accompagnait à l'aéroport m'avait demandé si cela se faisait de serrer un moine bouddhiste dans ses bras. Il est vrai que dans mon pays nous n'avons pas l'habitude de montrer nos sentiments en public de cette façon, mais je me dis qu'en tant que maître zen, cela ne devrait pas me poser trop de problèmes et répondis : « Pourquoi pas ? » Mais au moment où elle me serra dans ses bras, je n'étais pas vraiment détendu. Une fois dans l'avion, je me dis que si je voulais travailler avec des amis occidentaux, j'avais intérêt à mieux connaître leur culture. C'est la raison pour laquelle j'ai créé la méditation de l'étreinte.

La méditation de l'étreinte est une méditation à la fois occidentale et orientale. Pour la pratiquer correctement, il faut que vous sentiez vraiment dans vos bras la réalité et la présence de l'autre. Il ne s'agit pas de faire « comme si » et de donner à l'autre trois petites tapes dans le dos pour lui faire croire que vous êtes là. Dans l'étreinte, vous êtes vraiment présent. Vous tenez l'autre dans vos bras en respirant consciemment et vous lui offrez tout votre être – corps, cœur et esprit. *« J'inspire, et je sais que mon ami est dans mes bras, vivant. J'expire, et je sais combien il m'est précieux. »* Le temps de partager trois respirations conscientes et celui qui est dans vos bras devient vraiment réel pour vous, tout comme vous le devenez pour lui. Quand vous aimez une personne, vous avez envie qu'elle soit heureuse. Si elle ne l'est pas, vous ne pouvez pas l'être non plus. Le bonheur n'est pas quelque chose d'individuel. Un véritable amour requiert une compréhension profonde. En réalité, l'amour est un autre mot pour la compréhension. Si vous ne comprenez pas, vous ne pouvez pas aimer. Sans la compréhension, l'amour ne peut être qu'une cause de souffrance.

En Asie du Sud-Est, beaucoup de personnes raffolent d'un gros fruit à la peau pleine de piquants appelé durian. La gourmandise de certains pour ce fruit est telle, que je pourrais presque dire qu'ils en sont dépendants. Le durian dégage une odeur particulièrement forte qu'ils adorent. Pour moi, cette odeur est insupportable.

Un jour, j'étais en train de chanter seul dans mon temple quand l'odeur d'un durian déposé en sacrifice à Bouddha sur l'autel parvint à mes narines. J'essayai de réciter le sûtra du Lotus en m'accompagnant d'un tambour en bois et d'une large cloche en forme de bol, mais impossible de me concentrer. Je dus finalement me résoudre à emprisonner le durian sous la cloche afin de pouvoir chanter le sûtra. Une fois que j'eus terminé, je saluai Bouddha et libérai le durian. Si vous me disiez : « Je vous aime, mangez donc un morceau de ce durian », cela me ferait souffrir. Vous m'aimez, vous voulez mon bonheur, mais vous me forcez à manger du durian. Voilà un exemple d'amour sans compréhension : votre intention est bonne, mais votre compréhension n'est pas juste.

Pour bien aimer, il faut comprendre. Et comprendre signifie voir dans la profondeur de l'autre, voir sa noirceur, sa douleur, sa souffrance. Si vous ne voyez pas cela, plus vous en ferez pour l'autre, plus il souffrira. Créer le bonheur est un art. Si pendant votre enfance vous avez vu votre père ou votre mère créer du bonheur au sein de votre famille, vous avez vous aussi pu apprendre à créer du bonheur. Mais si vos parents ne savaient pas comment s'y prendre, peut-être l'ignorez-vous également. Dans notre institut, nous enseignons l'art de rendre les gens heureux. Vivre ensemble est un art. Vous pouvez rendre votre partenaire malheureux même avec de la bonne volonté. L'art est l'essence de la vie. Nos paroles et nos actes doivent être emplis d'art. La substance de l'art est la pleine conscience.

Quand vous tombez amoureux et que vous vous sentez attaché à l'autre, ce n'est pas encore réellement de l'amour. L'amour vrai est fait de compréhension aimante et de compassion. Il est inconditionnel. A deux, vous formez une communauté de pratique de l'amour : vous prenez soin de l'autre, l'aidez à s'épanouir et faites du bonheur une réalité concrète. En apprenant l'art de rendre l'autre heureux, vous apprenez à exprimer votre amour à l'ensemble de l'humanité et à tous les êtres. Aidez-nous à créer le programme de l'institut du Bonheur. N'attendez pas qu'il ouvre pour commencer à pratiquer : vous pouvez le faire dès maintenant.

CHAPITRE VI

Traité de paix

AFIN de pouvoir vivre ensemble longtemps et dans la joie, afin de sans cesse développer et approfondir notre amour et notre compréhension mutuelle, nous soussignés, nous engageons ce jour à respecter et à mettre en pratique dans nos vies les articles suivants :

Moi qui suis en colère, j'accepte :

1. D'éviter toute parole ou tout acte susceptible d'aggraver la situation ou d'intensifier la colère.

2. De ne pas supprimer ma colère.

3. De pratiquer la respiration consciente et de prendre refuge sur mon île intérieure.

4. De dire ma colère et ma souffrance à celui qui les a provoquées – soit directement, soit en lui écrivant un Message de Paix, et de le faire avec calme, sans attendre plus de vingt-quatre heures.

5. De lui proposer, directement ou par un Message de Paix, un rendez-vous au cours duquel nous pourrons approfondir ce qui s'est passé. Cette rencontre doit de préférence avoir lieu quelques jours plus tard, le vendredi soir par exemple.

6. De ne pas me dire : « Tout va bien, je ne suis pas en colère, je ne souffre pas. Il n'y a aucune raison pour que je sois en colère, en tout cas aucune raison suffisante. »

7. De méditer en pratiquant la respiration consciente et l'observation profonde de ma vie de tous les jours, afin de constater :

a) Que j'ai moi-même été parfois maladroit avec l'autre.

b) Que je l'ai blessé en laissant s'exprimer mon énergie de colère latente.

c) Que la principale cause de ma colère n'est autre que cette forte graine de colère qui sommeille en moi.

d) Que la souffrance de l'autre, en arrosant cette graine, est en fait la seconde cause de ma colère.

e) Que l'autre ne cherchait qu'à se soulager de sa propre souffrance.

f) Qu'aussi longtemps que l'autre souffre, je ne peux être vraiment heureux.

8. De ne pas attendre le vendredi soir pour m'excuser, mais de le faire dès que je comprends combien j'ai été maladroit et ai manqué de vigilance.

9. De remettre à plus tard la rencontre du vendredi soir si je ne me sens pas suffisamment calme le moment venu.

Moi qui ai mis l'autre en colère, j'accepte :

1. De respecter ses sentiments, de ne pas chercher à le ridiculiser et de lui laisser le temps de retrouver son calme.

2. De ne pas chercher à entamer immédiatement une discussion.

3. De lui faire savoir – par écrit ou de vive voix – que j'ai bien reçu son Message de Paix proposant une rencontre pour le vendredi soir, et de l'assurer de ma présence.

4. De pratiquer la respiration consciente et de prendre refuge dans mon île afin de constater :

a) Que je porte en moi des graines et une énergie latente de colère et de méchanceté qui peuvent m'amener à rendre l'autre malheureux.

b) Que j'ai eu tort de croire qu'en faisant souffrir l'autre, j'allais me soulager de ma propre souffrance.

c) Qu'en faisant souffrir l'autre, je me fais aussi souffrir.

5. De ne pas attendre le vendredi soir pour m'excuser mais de le faire, sans essayer de me justifier, dès que je comprends combien j'ai été maladroit et ai manqué de vigilance.

En présence et sous le regard bienveillant de la sangha, nous nous engageons à respecter et à mettre en pratique les articles de ce traité de tout notre cœur. Que Bouddha soit notre témoin et que les Trois Joyaux nous protègent et nous accordent la clarté et la confiance.

Fait à :
le :

Signature :

Lorsque nous nous mettons en colère, nous ne ressemblons pas à une fleur merveilleuse. Nous ressemblons plutôt à une bombe prête à exploser. Dans notre visage, des centaines de muscles se contractent. Tant de souffrances remontent en nous…

C'est pourquoi, au village des Pruniers, nous avons récemment rédigé un « traité de paix ». Ce traité peut être signé en présence de la sangha par toutes les personnes qui le souhaitent – en couple ou individuellement – pour nous aider à mieux gérer notre colère. Il ne s'agit pas d'un simple bout de papier, mais d'une véritable pratique qui peut nous aider à vivre ensemble longtemps et dans la joie. Si nous respectons les termes de ce traité, nous saurons exactement ce que nous devrons faire et ne pas faire, face à notre colère ou à celle de l'autre.

Ce traité est composé de deux parties. L'une est destinée à la personne en colère, l'autre à celle qui est à l'origine de cette colère.

Dans le premier article, nous acceptons d'éviter toute parole ou tout acte susceptible d'aggraver les choses ou d'intensifier la colère. Il s'agit en quelque sorte de nous imposer un moratoire sur nos paroles et sur nos actes.

Dans le second article, nous acceptons de ne pas supprimer notre colère. Nous pourrons nous exprimer plus tard, quand le moment sera venu. Pour cela, il nous faut attendre d'avoir fait au moins trois respirations conscientes. Si nous ne laissons pas passer ces quelques instants, le fait d'exprimer notre colère risque de nous faire du mal à l'un et à l'autre.

Dans le troisième article, nous acceptons de respirer sur notre colère et de nous réfugier dans notre île. Nous savons que la colère est là. Nous ne cherchons ni à la supprimer, ni à la renier. Nous en prenons soin en respirant et en l'entourant des bras aimants de la pleine conscience. Nous pouvons être tranquillement assis ou marcher. S'il nous faut une demi-heure, nous nous accordons une demi-heure. Et si nous avons besoin de trois heures, nous respirons pendant trois heures.

Le Bouddha disait à ses étudiants : « Mes amis, ne comptez sur personne en dehors de vous-même. Soyez une île et prenez refuge dans cette île. » C'est un exercice merveilleux quand nous ne savons plus quoi faire pendant les moments difficiles. Si j'étais dans un avion sur le point de s'écraser, c'est celui que je ferais. Si nous le pratiquons bien, alors notre île sera solide et bien campée, balayée par un courant merveilleux, peuplée d'arbres et d'oiseaux. L'essence d'un Bouddha est la pleine conscience. La respiration consciente est le dharma vivant. Elle vaut mieux que n'importe quel livre. La sangha est présente dans les cinq éléments qui forment notre « moi » : la forme, les sensations, les perceptions, les formations mentales et la conscience. Lorsque ces éléments sont en harmonie, nous sommes heureux et en paix. Lorsque nous pratiquons la respiration consciente et éveillons notre pleine conscience, le Bouddha est en nous. Si nous découvrons ce Bouddha en nous, alors tout ira bien.

Selon le quatrième article du traité, nous disposons de vingt-quatre heures pour retrouver notre calme et faire part de notre colère à l'autre. Nous n'avons pas le droit de garder notre colère plus longtemps en nous. Sinon, elle se transformera en un poison qui risque de nous détruire et de détruire la personne que nous aimons. Ceux qui ont l'habitude de méditer peuvent très bien se sentir prêts au bout de cinq ou dix minutes. Mais il ne faudra jamais attendre plus de vingt-quatre heures. Par exemple, nous pouvons dire : « *Cher(e)...................., ce que tu as dit ce matin m'a mis(e) très en colère. Cela m'a fait beaucoup de peine et je voulais que tu le saches.* »

Le cinquième article nous conseille de conclure en disant : « *J'espère que d'ici vendredi soir nous aurons tous les deux l'occasion d'observer en profondeur ce qui s'est passé* », puis nous dit de décider d'un moment pour en discuter ensemble. Le vendredi soir est idéal pour désamorcer les bombes, petites ou grosses, car il nous laisse tout un week-end pour profiter de notre réconciliation. Toutefois, si le délai touche à sa fin et si nous ne nous sentons pas encore capable ou pas assez sûr de nous pour parler dans le calme, nous pouvons utiliser le Message de Paix suivant :

Date :
Heure :

Cher(e)...

Ce matin (cet après-midi) tu as dit (ou fait) une chose qui m'a mis(e) très en colère. J'ai eu beaucoup de peine et je voulais que tu le saches. Tu as dit (fait) : .... (exposer les griefs).

S'il te plaît, pouvons-nous en parler ensemble, ouvertement et dans le calme, vendredi soir prochain ?

...................., *qui ne va pas très bien en ce moment.*

Si nous procédons par écrit, nous devons nous assurer que la personne concernée a reçu notre message dans les délais. Nous nous sentirons en effet beaucoup mieux dès l'instant où nous saurons qu'elle l'a reçu.

Si nous n'avons pas de réponse, nous ne pouvons pas nous contenter de dire : *« J'ai mis le Message sur ton bureau et tu ne l'as pas vu, c'est donc de ta faute. »* C'est pourquoi il est préférable de dire les choses directement en parlant d'une voix calme ou, si nous ne nous en sentons pas capable, d'écrire un Message de Paix que nous remettrons en main propre.

Le sixième article nous dit de ne pas faire semblant de ne pas être en colère. Peut-être sommes-nous trop fier pour admettre notre souffrance ? Mais nous ne devrions jamais dire : *« Je ne suis pas en colère, il n'y a aucune raison pour que je sois en colère. »* Evitons de nous cacher la vérité. Si nous sommes en colère, c'est un fait.

C'est un point important du traité de paix : notre fierté ne doit pas être un obstacle qui amène la destruction de notre relation. Nous sommes engagés l'un envers l'autre, nous nous soutenons mutuellement, nous sommes un frère ou une sœur pour l'autre. Pourquoi serions-nous si fier ? Ma douleur doit aussi être sa douleur, et ma souffrance sa souffrance.

Dans l'article sept, il nous est recommandé – lorsque nous pratiquons la pleine conscience en respirant, en marchant, en étant assis, en observant profondément les choses ou en vivant avec attention notre vie de tous les jours – de nous concentrer sur les points suivants :

a) Reconnaître en quoi nous avons été maladroit avec l'autre et avons manqué de vigilance.

b) Reconnaître qu'il nous est arrivé de blesser l'autre, et accepter que nous portons en nous une énergie de colère latente capable de blesser très facilement.

c) Reconnaître que la première cause de notre colère est en fait cette graine de colère qui a pris l'habitude de se manifester malgré nous, à partir de notre conscience enfouie. L'autre n'est pas la cause principale de notre souffrance. Si certains de nos amis se mettent difficilement en colère, ce n'est pas parce qu'ils ne possèdent pas cette graine ; il semble simplement qu'elle soit moins forte que la nôtre.

d) Reconnaître que l'autre souffre aussi et qu'à cause de cela il s'est conduit maladroitement, arrosant ainsi la graine de colère en nous. Nous reconnaissons que l'autre n'est pas la cause première de notre souffrance. Peut-être est-il la cause secondaire, ou peut-être en avons-nous fait nous-même une cause secondaire en nous méprenant sur ses actes ou sur ses paroles ? Peut-être n'avait-il en effet pas la moindre intention de nous blesser ?

e) Reconnaître que l'autre ne cherche bien souvent qu'à se soulager de sa propre souffrance. Quand certaines personnes sont en colère, elles pensent naïvement qu'elles allégeront leur souffrance en disant quelque chose de fort qui blessera l'autre. Ce n'est certainement pas la meilleure chose à faire, mais c'est ce que font bien des gens.

f) Reconnaître qu'aussi longtemps que nous souffrons, nous ne pouvons pas être vraiment heureux. Dans une communauté, quand une seule personne est malheureuse, tout le monde est malheureux. Pour ne plus souffrir, nous devons trouver la meilleure façon d'aider l'autre à ne plus souffrir non plus. Ce n'est qu'une fois qu'il aura dépassé sa souffrance que la communauté connaîtra un bonheur authentique.

Le huitième article nous invite à nous excuser dès l'instant où nous prenons conscience de notre maladresse et de notre manque de vigilance. Il est inutile de laisser l'autre se sentir coupable jusqu'au vendredi soir. Si nous nous rendons compte que nous nous sommes mis en colère parce que nous avons mal compris quelque chose, ou parce que cette énergie latente nous a poussé à répondre trop vite, nous devons aller vers l'autre et lui dire : *« Je suis désolé(e), je n'ai pas agi avec pleine conscience. Je me suis mis(e) en colère trop vite et sans raison. S'il te plaît, pardonne-moi. »* Alors l'autre sera soulagé. Mieux vaut arrêter le cycle de la souffrance le plus vite possible.

Le neuvième article nous donne la possibilité de reporter la rencontre du vendredi soir à plus tard. Si nous ne sommes pas assez calme, le moment n'est pas encore venu de parler. Nous avons besoin de pratiquer encore quelques jours.

Les cinq articles de la seconde partie du traité de paix s'adressent à la personne qui est à l'origine de la colère.

Le premier article nous dit de respecter les sentiments de l'autre. Même si nous estimons que sa colère n'est pas fondée et qu'il se trompe, nous ne devrions pas dire : *« Je n'ai rien fait et tu es en colère. »* Toute sensation a une certaine durée de vie : elle naît, se maintient un moment puis s'éteint doucement. N'essayons pas de calmer l'autre à tout prix. Aidons-le ou laissons-le seul pour que sa colère puisse tomber naturellement.

Le second article nous conseille de ne pas chercher à entamer une discussion avec l'autre tout de suite après qu'il nous a exprimé sa souffrance. Nous risquerions en effet de tout compromettre. Respectons le traité et attendons le vendredi soir. Cela nous laissera du temps pour observer la situation en profondeur et réfléchir à ce que nous avons bien pu dire ou faire pour le mettre en colère. Assis ou marchant, vous respirez tout en pratiquant l'observation profonde. C'est cela, méditer.

Le troisième article nous demande de confirmer notre présence le vendredi soir, dès que nous avons reçu le Message de Paix. C'est important. Si l'autre sait que nous avons reçu son message, il se sentira soulagé.

Le quatrième article nous invite à pratiquer la respiration consciente et à prendre refuge dans notre île afin de constater :

a) Que nous portons en nous des graines – une énergie latente – de colère et de méchanceté. Il nous est déjà arrivé de rendre l'autre malheureux. Reconnaissons cela, même si nous ne voyons pas ce que nous avons fait de mal aujourd'hui. Ne pensons pas trop vite que nous n'y sommes pour rien.

b) Qu'au moment de l'incident, nous souffrions peut-être. Et peut-être avons-nous pensé que cela nous soulagerait de dire des mots durs à l'autre ? Mais nous ne devrions pas croire que notre souffrance sera moins forte si nous faisons souffrir l'autre.

c) Que la souffrance de l'autre est notre souffrance. Si nous l'aidons à y mettre fin, nous en profiterons également.

Le cinquième article nous dit de nous excuser dès que nous nous en sentons capable, sans chercher à nous justifier ni à expliquer le pourquoi de ce que nous avons dit ou fait. Cela peut même se faire au téléphone. Le simple fait de s'excuser peut avoir un effet très puissant. Il nous suffit de dire : *« Je suis vraiment désolé(e). Je ne t'ai pas bien compris(e) et je n'ai pas agi avec pleine conscience. »* Il n'est pas nécessaire d'attendre le vendredi pour cela.

Le traité de paix est une pratique de la pleine conscience. Etudiez-le bien et préparez-vous soigneusement avant de le signer. L'idéal serait de le signer dans une salle de méditation, à la fin d'une journée de pleine conscience. En présence de la communauté, vous vous engagez à respecter chacun des articles du traité et à les appliquer de tout cœur. Puis vous signez. Si vous ne vous sentez pas vraiment prêt, mieux vaut ne pas signer. Si vous signez et respectez le traité, tout le monde retirera des bienfaits de votre capacité à faire face à la colère. Vous, votre partenaire et l'ensemble de la communauté.

J'espère également que vous contribuerez à faire connaître le traité en écrivant des articles, en organisant des retraites ou des rencontres sur sa nature et sur la manière de le mettre en application. De cette façon, ceux qui n'ont pas l'expérience de la méditation pourront aussi le découvrir et profiter de ses bienfaits. Bien entendu, vous pouvez également l'adapter à votre situation personnelle en lui ajoutant d'autres articles. Je crois qu'à l'avenir, le traité de paix occupera une part importante de notre pratique de tous les jours. Soyez heureux et en harmonie !

CHAPITRE VII

L'amour en action

D'APRES le *Maharatnakuta-sûtra,* lorsqu'un bodhisattva se met en colère contre un autre bodhisattva, un nombre infini d'obstacles se dressent partout dans l'univers. Un bodhisattva peut donc se mettre en colère ? Eh bien, oui, absolument ! Un bodhisattva n'a pas besoin d'être parfait. Toute personne consciente et qui essaye d'éveiller les autres est un bodhisattva. Nous sommes tous des bodhisattvas faisant de notre mieux. Parfois, alors que nous avançons sur le chemin, il peut arriver que nous ressentions de la colère ou de la frustration. C'est pourquoi nous devons mettre le traité de paix en pratique dans nos vies.

Lorsqu'un bodhisattva se met en colère contre un autre bodhisattva, un nombre infini d'obstacles se dressent partout dans l'univers. Cela peut se comprendre. Nous savons que lorsque nous sommes heureux et dans la paix, notre bonheur et notre joie vibrent à travers tout le cosmos. De la même façon, lorsque nous avons en nous de la colère et de la haine, cela se ressent partout dans l'univers.

Quand le président Bush a donné l'ordre d'attaquer l'Irak, nous avons été nombreux à ressentir de la souffrance. J'étais au village des Pruniers en train de commenter l'*Avatamsaka-sûtra* lorsque soudain, en plein milieu d'une phrase, je m'arrêtai et dis : « Je ne crois pas que j'irai aux Etats-Unis au printemps prochain. Je n'ai vraiment pas envie d'y aller en ce moment. » Puis nous fîmes une longue pause pour respirer et je repris. Pendant la méditation du thé de l'après-midi, plusieurs étudiants américains vinrent me voir et me dirent que je devais aller aux Etats-Unis, justement parce que je n'en avais pas envie. Ils me rappelèrent que des amis américains avaient travaillé dur pour organiser des retraites, et m'aidèrent à voir que beaucoup d'Américains avaient eux aussi souffert quand le président Bush avait donné l'ordre d'attaquer. Finalement, je décidai de me rendre aux Etats-Unis afin de les soutenir et de partager leur souffrance.

Je compris que le président Bush était un bodhisattva qui essayait à sa façon de servir son peuple. Au début du conflit il avait instauré un embargo, mais n'ayant pas été vraiment soutenu, il s'était impatienté et la guerre était devenue inévitable. Je sus que le bodhisattva avait besoin de notre aide quand, au moment de lancer l'attaque au sol, il avait dit : « Dieu bénisse les Etats-Unis d'Amérique ! »

Tous les dirigeants ont besoin de notre aide et de notre compréhension. Si nous voulons qu'ils nous écoutent, nous devons apprendre à leur parler avec amour et intelligence, sans nous mettre en colère. J'ai écouté calmement et sereinement mes amis américains du village des Pruniers, puis j'ai suivi leur conseil et suis allé aux Etats-Unis.

Si nous nous mettons en colère, un nombre infini d'obstacles viendront entraver notre chemin. C'est pourquoi il nous faut trouver une façon de dire calmement au président Bush que Dieu ne peut pas bénir un pays au détriment d'un autre. Le président devrait apprendre à mieux prier. Mais nous aurions tort de croire que le simple fait d'élire un nouveau président changera les choses. Si nous voulons un meilleur gouvernement, commençons d'abord par changer notre conscience et notre façon de vivre. Notre société est régie par la violence et la soif de posséder. Pour l'aider et pour aider notre président, il nous faut transformer notre violence, notre avidité, et travailler à transformer la société.

Songez aux cinq cent mille hommes et femmes américains et occidentaux et au million de soldats irakiens qui ont passé des mois dans l'attente d'une offensive. Durant des jours et des nuits ils se sont préparés à tuer. Pendant la journée, casques sur la tête et fusils en main, ils hurlaient et sautaient, enfonçant leurs baïonnettes dans des sacs de sable représentant leurs ennemis. Ils ne ressemblaient plus à des êtres humains. D'ailleurs, jamais ils n'auraient pu agir de cette façon s'ils n'étaient pas devenus moins qu'humains. Pour apprendre à tuer, il fallait qu'ils deviennent inhumains. Et ce qu'ils vivaient la journée, ils le vivaient aussi la nuit, en rêve – plantant des graines de souffrance, de peur et de violence dans leur conscience. Telle est la guerre : un million et demi d'hommes et de femmes pratiquant la violence et la peur pendant des mois pour survivre.

Puis la guerre arriva… Des milliers d'hommes et de femmes furent tués et du côté américain on parla d'une victoire. Les cinq cent mille soldats qui rentrèrent chez eux étaient profondément marqués d'avoir exercé tant de violence, aussi bien vis-à-vis des autres que d'eux-mêmes. Pendant plusieurs générations, des millions de leurs enfants et de leurs petits-enfants hériteront de ces graines de violence et de souffrance. Comment peut-on appeler cela une victoire ? Une fois rentrés, les hommes pleurèrent. Ils étaient vivants. Leurs familles et leurs enfants pleurèrent aussi. Ils avaient bien sûr le droit d'être heureux. Mais les hommes et les femmes qui revinrent n'étaient pas les mêmes que ceux qui étaient partis. Leurs blessures seront avec nous pendant longtemps.

Nous devons méditer ensemble, en tant que nation, si nous voulons être capables d'aimer et de comprendre nos anciens combattants, notre président et notre gouvernement. Quatre-vingts pour cent des Américains étaient en faveur de la guerre du Golfe et ont estimé que c'était une guerre propre et morale. Ils n'avaient pas compris la vraie nature de la guerre. Ceux qui ont connu une guerre ne pourraient jamais dire une chose pareille. La guerre du Golfe n'a été propre et morale ni pour le peuple irakien, ni pour le peuple américain. Après une guerre, beaucoup considèrent – les jeunes notamment – que la violence peut tout résoudre. La prochaine fois qu'il y aura un conflit quelque part dans le monde, ils seront tentés de soutenir une intervention armée, une autre guerre éclair. Cette façon de penser et d'agir porte atteinte à la conscience de ceux qui sont du « côté des vainqueurs ». Si nous voulons protéger la vie, il nous faut regarder profondément la vraie nature de la guerre, comme individus et comme nation. Et quand nous la découvrirons, nous devrons la projeter sur un écran géant afin que le pays tout entier puisse la voir. Nous devons apprendre ensemble et faire tout notre possible pour éviter d'autres guerres. Si nous nous contentons simplement de protester, nous ne serons pas prêts lorsque la prochaine éclatera, dans cinq ou dix ans. Pour éviter la guerre, nous devons pratiquer la paix aujourd'hui. Si nous instaurons la paix dans nos cœurs et dans notre façon de regarder les choses, il n'y aura pas de guerre. La seule façon d'arrêter une guerre est d'être dans la paix. Si nous attendons qu'une autre guerre soit sur le point d'éclater pour commencer à pratiquer, il sera trop tard.

Quand un soldat irakien meurt, une famille entière souffre. Et plus de cent mille Irakiens civils et militaires ont été tués – on ignore le nombre exact. Après une guerre, la souffrance dure encore pendant plusieurs générations, chez les vainqueurs comme chez les vaincus. Regardez la souffrance du peuple vietnamien et celle des vétérans américains. Nous devons pratiquer la pleine conscience et nous souvenir de cette souffrance qui continue d'exister chez les uns et chez les autres. Nous devons être là pour ceux qui ont besoin de nous et pour leur faire savoir que nous partageons leur souffrance et que nous aussi, nous souffrons. Quand une personne se sent comprise, sa souffrance diminue. Ne l'oubliez jamais.

Nous qui avons compris la vraie nature de la guerre, nous avons le devoir de faire connaître la vérité à ceux qui n'en ont pas fait l'expérience directe. Si nous pratiquons la pleine conscience, nous saurons comment regarder profondément la vraie nature de la guerre. Notre compréhension profonde nous permettra alors d'éveiller d'autres êtres humains et, ensemble, nous pourrons éviter que des choses aussi horribles se reproduisent. Nous qui sommes nés de la guerre, nous la connaissons bien. Elle est en nous. Nous avons tous vu ce film qui montrait des policiers de Los

Angeles frappant Rodney King. En voyant ces images, je me suis identifié à Rodney King et j'ai beaucoup souffert. Vous avez peut-être ressenti la même chose ? Nous avons tous été battus en même temps. Mais en regardant plus profondément, j'ai vu que j'étais aussi les cinq policiers. Je ne pouvais me séparer de ces hommes qui frappaient Rodney King, manifestant cette haine et cette violence si répandues dans notre société.

Les choses sont prêtes à exploser et nous en sommes tous co-responsables. Celui qui reçoit les coups n'est pas le seul à souffrir : ceux qui les donnent souffrent aussi, sinon pourquoi agiraient-ils ainsi ? Vous ne faites souffrir les autres que si vous souffrez vous-même. Si vous êtes dans la paix et dans la joie, vous ne ferez souffrir personne. Les policiers ont aussi besoin de notre amour et de notre compréhension. S'ils sont là, c'est en partie à cause de notre ignorance et de notre façon de vivre. Dans mon cœur, je n'en veux à personne. Arrêter les policiers et les mettre en prison ne les aidera pas et ne résoudra rien. Le problème est bien plus profond. La violence est devenue la substance de nos vies. Les anciens de la guerre du Viêt-nam, les anciens de la guerre du Golfe et ces millions de personnes qui absorbent de la violence chaque jour sont conditionnés à devenir exactement comme ces policiers. Nous acceptons la violence comme mode de vie et nous arrosons ses graines en nous, en regardant à la télévision des films et des émissions pleins de violence et qui nous font du mal, à nous et à notre société. Si nous ne transformons pas toute cette violence et cette incompréhension, un jour ce sont nos propres enfants que nous retrouverons battus, morts ou en train de frapper quelqu'un. Tout cela nous concerne directement.

Prenez votre petite fille ou votre petit garçon par la main et marchez lentement jusqu'au parc. Vous apprécierez le soleil, la beauté des arbres et des oiseaux, mais peut-être serez-vous surpris de constater que votre enfant s'ennuie. Aujourd'hui, les jeunes s'ennuient vite quand ils n'ont pas la télévision, le Nintendo, les jouets de guerre, les décibels… Ayant grandi, ils voudront essayer la vitesse, la drogue, l'alcool, ils s'adonneront à la sexualité et chercheront par tous les moyens à éprouver leur corps et leur esprit. Nous aussi, les adultes, essayons de combler notre solitude. Et nous souffrons tous.

Nous devons apprendre à apprécier les plaisirs simples de la vie et l'enseigner à nos enfants. C'est essentiel pour notre survie. Mais notre société est tellement malade que cela risque de ne pas être facile. Assis sur l'herbe avec notre enfant, montrons-lui les délicates petites fleurs jaunes et bleues et admirons ensemble ces miracles. Apprendre la paix commence là.

CHAPITRE VIII

Pour une société pleinement consciente

POUR réaliser la paix dans notre vie de tous les jours, nous avons besoin de certaines lignes de conduite. Il y a deux mille cinq cents ans, le Bouddha a offert cinq merveilleux préceptes à Anathapindika et à ses amis afin de les aider à vivre une vie paisible et agréable. Depuis, ces principes ont servi de base éthique dans de nombreux pays d'Asie.

La forme sous laquelle je vous les présente aujourd'hui a été adaptée afin de mieux s'appliquer à notre époque. La violence, l'injustice raciale, l'alcoolisme, les sévices sexuels, l'exploitation de l'environnement, entre autres, nous poussent à trouver des solutions pour mettre un terme à la souffrance présente en nous et dans la société.

J'espère que vous essayerez de mettre ces cinq préceptes en pratique, soit sous cette forme, soit tels qu'ils sont présentés dans votre propre tradition.

Premier précepte :

Conscient de la souffrance provoquée par la destruction de la vie, je fais vœu de développer ma compassion et d'apprendre les moyens de protéger la vie des personnes, des animaux, des plantes et des minéraux. Je m'engage à ne pas tuer, à ne pas laisser tuer, à ne tolérer aucun acte meurtrier dans le monde, dans mes pensées ou dans ma façon de vivre.

La pleine conscience est à la base de tous ces préceptes. Elle nous permet de constater que la destruction est partout autour de nous. Aussi, nous aspirons profondément à développer la compassion comme source d'énergie pour protéger les personnes, les animaux, les plantes et l'ensemble de notre planète. Mais ressentir de la compassion ne suffit pas. Nous devons également améliorer notre compréhension de façon à savoir comment agir. Nous devons nous efforcer de mettre un terme à toutes les guerres.

La pensée est à l'origine de nos actions. Tuer en pensée est plus dangereux que tuer physiquement. Penser que vous êtes le seul à détenir la vérité et que tous ceux qui ne pensent pas comme vous sont vos ennemis, peut entraîner la mort de millions de personnes. Ce premier précepte n'est pas uniquement transgressé quand nous tuons réellement, mais aussi quand nous tuons par nos pensées et notre façon de vivre. Nous devons pratiquer l'observation profonde. Quand nous achetons ou consommons, il se peut que nous participions sans le savoir à un acte de destruction. Ce précepte reflète notre engagement à ne pas tuer – directement ou indirectement – et à empêcher les autres de tuer. S'engager à le respecter signifie faire vœu de protéger notre planète et devenir des bodhisattvas emplis d'énergie pour pratiquer l'amour et la compassion.

Deuxième précepte :

Conscient des souffrances provoquées par l'exploitation, l'injustice sociale, le vol et l'oppression, je fais vœu de cultiver mon amour et d'apprendre à agir pour le bien-être des personnes, des animaux, des plantes et des minéraux. Je m'engage à pratiquer la générosité en partageant mon temps, mon énergie et mes ressources matérielles avec ceux qui sont dans le besoin. Je m'engage à ne pas voler et à ne rien posséder qui ne m'appartienne pas. Je m'engage à respecter la propriété d'autrui et à empêcher quiconque de tirer profit de la souffrance humaine ou de celle de toute autre espèce vivante.

Parmi les nombreuses formes que peut prendre le vol, l'oppression cause beaucoup de souffrances, aussi bien en Occident que dans le tiers-monde. Les pays sont déchirés par la pauvreté et l'oppression. Nous aimerions, par exemple, aider les enfants qui ont faim mais nous n'avons jamais le temps. Il ne faudrait pourtant pas grand-chose. Parfois, un médicament ou un bol de nourriture suffirait. Mais comme nous ne savons pas nous libérer de nos petits problèmes et de nos modes de vies, nous ne faisons rien.

Ce précepte nous propose de prendre conscience de la souffrance et de cultiver la compréhension aimante. Nous avons la capacité d'être généreux et nous devons apprendre à l'exprimer. Le temps, c'est plus que de l'argent. Le temps sert à apporter de la joie et du bonheur aux autres, et par conséquent à soi-même. Il existe trois sortes de cadeaux :

le cadeau sous forme de ressource matérielle, le cadeau qui aide l'autre à être indépendant, et le cadeau de la non-peur. Aider les autres à ne pas se détruire par la peur est le plus beau des cadeaux. Ce précepte, en nous enseignant une pratique très profonde – partager du temps, de l'énergie et des ressources matérielles avec ceux qui en ont réellement besoin – reflète le véritable idéal de compassion du bodhisattva.

Troisième précepte :

Conscient de la souffrance provoquée par une conduite sexuelle malsaine, je fais vœu de développer mon sens de la responsabilité afin de protéger la sécurité et l'intégrité des individus, des couples, des familles et de la société. Je suis déterminé à ne pas avoir de relations sexuelles sans amour ni engagement à long terme. Afin de préserver mon propre bonheur et celui des autres, je ferai tout ce qui est en mon pouvoir pour protéger les enfants des sévices sexuels et empêcher les couples et les familles de se désunir suite à des comportements sexuels malsains.

Ce précepte nous apprend à nous aider et aider les autres à ne pas souffrir, afin de restaurer la paix et la stabilité en nous, dans nos familles et dans la société. Une relation sexuelle est un acte de communion qui doit être accompli en toute conscience, avec amour, attention et respect. Le mot Amour est un très beau mot mais nous en avons perdu le sens. Quand nous disons : « J'aime les hamburgers », nous salissons ce mot. Nous devons nous efforcer de guérir les mots en les utilisant de manière appropriée et en les choisissant avec soin.

Le véritable amour implique un sens de la responsabilité et l'acceptation de l'autre tel qu'il est réellement, avec ses forces et ses faiblesses. Si vous n'aimez que les côtés positifs d'une personne, ce n'est pas de l'amour. Vous devez accepter ses faiblesses et vous montrer patient et compréhensif tout en lui apportant l'énergie nécessaire qui pourra l'aider à se transformer. Cet amour-là est sûr.

Nous utilisons l'expression « maladie d'amour » pour décrire un amour qui nous rend malade. C'est une forme d'attachement ou de dépendance. Comme une drogue, il nous procure un sentiment d'exaltation mais, une fois dépendant, nous ne trouvons plus la paix. Nous n'arrivons ni à étudier, ni à travailler, ni à dormir. La seule chose que nous puissions faire est de penser à l'autre. Cet amour-là est possessif, voire totalitaire. Nous voulons posséder totalement l'objet de notre amour et ne laissons personne nous en empêcher. Cela crée une sorte de prison pour l'être aimé qui n'a alors plus le droit d'être ce qu'il est.

Le sentiment de solitude est universel dans notre société. Il nous faire croire qu'une aventure pourrait nous aider à nous sentir moins seul. Mais sans une vraie communication, une relation sexuelle ne fera que renforcer notre sentiment de solitude et nous fera souffrir, nous et notre partenaire.

L'expression « engagement à long terme » n'exprime certes pas toute la profondeur de l'amour, mais c'est celle que nous utiliserons car elle est suffisamment claire. Pour aimer profondément notre enfant, nous devons nous engager à long terme, l'aider à grandir jusqu'à la fin de notre vie. Avec un ami aussi, vous vous engagez à long terme. Comment pourriez-vous ne pas vous engager à long terme avec celui ou celle qui partagera votre corps et votre âme ? Il est important de prendre cet engagement en présence et avec le soutien d'une communauté, familiale ou d'amis. Le sentiment qui vous lie n'est peut-être pas suffisant pour nourrir votre bonheur en période d'adversité. Si vous n'acceptez pas l'institution du mariage, il est malgré tout important d'exprimer votre engagement en présence d'amis qui vous aiment et vous soutiennent. Cela vous apportera la paix, la stabilité et vous donnera plus de chances de connaître le vrai bonheur.

Ce précepte s'applique également à la société. Les mauvaises conduites sexuelles détruisent nos familles et la société de bien des façons. De nombreuses personnes souffrent chaque jour en raison des sévices sexuels subis dans leur enfance. En observant ce précepte, vous faites vœu de protéger à la fois les enfants et ceux qui abusent d'eux. Ceux qui causent la souffrance doivent eux aussi être aimés et protégés. Ils sont le produit d'une société instable et ont besoin de notre aide. Notre société a besoin de bodhisattvas qui pratiquent ce précepte pour éviter les souffrances et les séparations.

Quatrième précepte :

Conscient de la souffrance provoquée par des paroles irréfléchies et par l'incapacité à écouter autrui, je fais vœu de parler à tous avec amour afin de soulager leurs peines et de leur transmettre joie et bonheur. Sachant que les paroles peuvent être source de bonheur comme de souffrance, je fais vœu d'apprendre à parler avec sincérité, en employant des mots qui inspirent à chacun la confiance en soi, la joie et l'espoir. Je m'engage à ne répandre aucune information dont l'authenticité ne serait pas établie et à ne pas critiquer ni condamner quelque chose dont je ne suis pas certain. Je m'engage à ne pas prononcer de mots qui puissent entraîner division, discorde ou rupture au sein de la famille ou de la communauté. Je m'engage à fournir les efforts nécessaires à la réconciliation et à la résolution de tous les conflits, si petits soient-ils.

Dire des paroles d'amour est un acte de générosité. Quand nous sommes motivés par une compréhension aimante, nos paroles peuvent apporter du bonheur autour de nous. Si nous souffrons, il nous est très difficile de parler avec amour. Pour nous libérer de notre colère, de notre désespoir et de notre souffrance, il est important d'observer attentivement leur nature. Quand nous employons des mots qui inspirent la confiance, particulièrement avec les enfants, ils s'épanouissent.

Dans ma tradition, chaque fois que nous voulons trouver l'inspiration pour pratiquer l'art de l'écoute attentive, nous récitons ces vers :

> « Nous invoquons ton nom Avalokitesvara ! Nous aspirons à apprendre ta façon d'écouter afin de contribuer à soulager la souffrance du monde. Tu sais comment écouter pour comprendre. Nous invoquons ton nom afin de pratiquer une écoute attentive et aimante. Nous allons nous asseoir et écouter sans aucune arrière-pensée. Nous allons nous asseoir et écouter sans juger ni réagir. Nous allons nous asseoir et écouter pour comprendre. Nous allons nous asseoir et écouter si attentivement que nous serons capables d'entendre à la fois ce que dit l'autre et ce qu'il ne dit pas. Nous savons que le simple fait d'écouter avec attention permet de soulager la souffrance d'autrui. »

L'écoute attentive est la base de la réconciliation. Réconcilier signifie apporter la paix et le bonheur aux membres de notre famille, à la société et aux nations. Pour faciliter la réconciliation et comprendre les deux personnes en conflit, nous ne devons prendre parti ni pour l'une ni pour l'autre. Cela demande du courage dans la mesure où ceux que nous voulons aider peuvent parfois nous détruire. Après avoir écouté des deux côtés, nous pouvons dire à chacun la souffrance de l'autre, ce qui apportera une grande compréhension. Ce travail d'écoute impartiale est nécessaire dans bien des endroits sur terre, notamment en Afrique du Sud, en Europe de l'Est, au Moyen-Orient et en Asie du Sud-Est. Nos sociétés ont besoin de bodhisattvas capables de rapprocher les religions, les races et les peuples.

Cinquième précepte :

Conscient de la souffrance provoquée par une consommation irréfléchie, je fais vœu d'entretenir une bonne santé physique et mentale par la pratique de la pleine conscience, lorsque je mange, bois ou consomme, cela pour mon propre bénéfice, celui de ma famille et de la société. Je fais vœu de consommer uniquement des produits qui entretiennent la joie, le bien-être et la paix, aussi bien dans mon corps et dans mon esprit que dans le corps et la conscience collective de ma famille et de la société. Je suis déterminé à ne pas faire usage d'alcool ni d'aucune autre forme de drogue. Je m'engage à ne consommer aucun aliment ou produit contenant des toxines (comme certaines émissions de télévision, certains magazines, livres, films ou conversations). Je suis conscient qu'en nuisant à mon corps et à mon esprit avec ces poisons, je trahis mes parents, mes ancêtres, la société et les générations futures. Par la pratique d'une consommation raisonnable, je m'engage à transformer la violence, la peur, la colère et la confusion qui sont en moi et dans la société. Je comprends qu'une discipline alimentaire et morale appropriée est indispensable pour ma transformation et celle de la société.

En Occident, les gens ont l'impression que leur corps leur appartient et qu'ils peuvent en faire tout ce qu'ils veulent. Ils pensent avoir le droit de vivre comme ils l'entendent. C'est de l'individualisme, et la loi elle-même va dans ce sens. Mais si l'on se réfère à l'enseignement de l'inter-être, notre corps ne nous appartient pas complètement : il est aussi à nos ancêtres, à nos parents et aux générations futures. De la même façon, nous pouvons dire que notre corps appartient à la société et à tous les autres êtres vivants. Tous ces êtres se sont unis pour donner une présence à notre corps. Garder son corps en bonne santé est une expression de gratitude envers l'ensemble du cosmos – les arbres, les nuages… Ce précepte s'applique à tous. Si vous êtes en bonne santé physique et mentale, tout le monde en profitera. Nous sommes ce que nous sommes et métabolisons ! Bien sûr, nous avons besoin de manger, de boire et de consommer, mais si nous manquons de vigilance, nous risquons de détruire notre corps et notre esprit et de n'exprimer ainsi aucune gratitude envers nos parents, nos ancêtres et les générations futures. Consommer avec pleine conscience est l'essence de ce précepte.

Il est important que les membres de la famille partagent au moins un repas par jour. Ce doit être l'occasion d'apprécier le simple fait d'être ensemble autour d'un repas, dans la pleine conscience. Une fois assis, nous regardons chaque personne en respirant et lui sourions pendant quelques secondes. Cette pratique peut produire un miracle. Elle peut tous nous rendre réels. Ensuite, nous pratiquons la méditation du repas. L'un d'entre nous regarde un plat sur la table et décrit son contenu et son histoire. Les enfants et les adultes ont beaucoup à apprendre de cette pratique. Grâce à elle, ils pourront mieux comprendre ce qu'est la nourriture. Cette méditation ne prend que quelques minutes mais nous aide tous à apprécier davantage le repas. Quelqu'un peut par exemple dire à haute voix : « Ce pain, fait de blé, de Terre, de soleil et de pluie, nous arrive après avoir fait un long chemin. Le blé a été cultivé avec amour et une quantité considérable d'énergie a été utilisée pour transporter la farine chez un boulanger de notre ville. Sachons mériter cette nourriture et apprécier les éléments positifs et négatifs présents dans chaque bouchée. »

Manger en silence, ne serait-ce que quelques minutes, est une pratique très importante qui nous permet de nous concentrer et de vraiment « toucher » le repas. Notre attention est peut-être fragile et il nous est peut-être difficile de parler en faisant vraiment honneur à ce que nous mangeons. C'est pourquoi il est merveilleux de manger en silence pendant les cinq ou dix premières minutes. Dans ma tradition monastique, avant de manger, nous pratiquons les Cinq Contemplations. Dans la deuxième contemplation, nous faisons vœu de mériter notre nourriture. A mon avis, la meilleure façon de mériter un repas est de manger dans la pleine conscience. Nous ne devons pas oublier que si nous mangeons, c'est parce que l'ensemble du cosmos a produit les aliments et qu'une personne a passé un long moment à préparer le repas. Ce serait vraiment dommage de manger dans l'inconscience.

Après ce moment de calme, nous pouvons pratiquer la discussion consciente, c'est-à-dire une discussion qui contribue au bonheur de la famille. Pendant le repas, nous ne devrions ni parler de choses susceptibles de nous séparer, ni faire des reproches. Cela gâcherait tout. Les parents devraient éviter de parler des erreurs de leurs enfants, et les enfants devraient uniquement dire des choses qui arrosent les graines de bonheur et nourrissent la conscience de toute la famille. Des choses comme : « Papa, tu ne trouves pas que la soupe est délicieuse ? » La vie est un art et nous devrions tous être des artistes si nous voulons vivre une vie heureuse. Nous aurons bien assez de temps après le repas pour parler de nos projets professionnels ou de ce qui s'est passé à l'école. Le soir, pendant le dîner, nous sommes reconnaissants d'être ensemble, d'avoir à manger, et nous savons pleinement apprécier le repas et la présence de chacun.

Il est important de bien se nourrir. Il y a tant de bonnes choses à manger et à boire sur terre que nous devrions nous abstenir de consommer ce qui nous fait du mal. L'alcool provoque beaucoup de souffrances et de nombreuses personnes ont été maltraitées dans leur enfance par un parent alcoolique. Le fruit et la graine qui produisent des boissons alcoolisées auraient pu servir à produire de la nourriture pour ceux qui souffrent de la faim. Et tant d'accidents de la route ont été causés par des personnes ivres ! Quand nous aurons compris que nous ne pratiquons pas uniquement pour nous, nous arrêterons de boire de l'alcool. Arrêter de boire, c'est affirmer à nos enfants et à la société que l'alcool ne mérite pas notre attention. Même si nous ne buvons pas d'alcool, nous pouvons être tués par un conducteur ivre. Quand une personne s'arrête de boire, le monde est plus sûr. Comme on peut le voir à l'occasion de l'eucharistie et du repas du sabbat, le fait de boire du vin est profondément ancré dans la civilisation occidentale. J'ai parlé avec des prêtres et des rabbins pour savoir ce qu'ils penseraient de l'idée de remplacer le vin par du jus de raisin ou une autre boisson, et elle ne leur a pas semblé si mauvaise.

Nous n'avons pas non plus besoin de consommer autant. Si nous le faisons, c'est parce que nous nous sentons extrêmement seuls et cela peut même devenir une dépendance. La solitude est l'une des principales causes de souffrance de la vie moderne. Quand nous sommes seuls, nous consommons des nourritures qui intoxiquent notre corps et notre esprit. De la même façon que nous voulons entretenir notre corps, nous devrions adopter des attitudes de consommation raisonnables pour notre esprit, et nous abstenir de toutes nourritures spirituelles et intellectuelles toxiques. Quand nous regardons la télévision ou lisons des magazines ou des livres, quand nous prenons le téléphone sans être dans la pleine conscience, nous ne faisons qu'aggraver les choses. Une heure passée à regarder un film violent arrose en nous des graines de violence, de haine et de peur. C'est pourtant ce que nous faisons et laissons faire à nos enfants. Il est nécessaire que chaque famille se réunisse pour parler ensemble des émissions à regarder à la télévision.

Peut-être avons-nous besoin d'inscrire sur nos téléviseurs une mise en garde comme celle que l'on trouve sur les paquets de cigarettes : « Attention, regarder la télévision peut être dangereux pour votre santé. » Les enfants voient tant d'images violentes ! Nous avons besoin d'une politique intelligente pour un bon usage de la télévision. Il n'est pas nécessaire pour autant de détruire nos téléviseurs ; il y a aussi une quantité de bonnes émissions dont nous devons pouvoir profiter. Il nous faut simplement les utiliser en étant pleinement conscient. Nous pouvons par exemple demander aux chaînes de diffuser des émissions plus saines et encourager le boycott de celles qui refusent. Nous pouvons même encourager la fabrication de téléviseurs qui ne recevraient que des programmes sains et éducatifs. Il faut nous protéger des toxines qui nous envahissent et nous détruisent, nous, nos familles et notre société.

L'idée de pratiquer une consommation raisonnable est l'essence de ce précepte. Notre conscience collective contient beaucoup de violence, de peur, d'avidité et de haine, qu'elle manifeste par les guerres et les bombes. Les bombes sont un produit de la peur enfouie dans notre conscience collective ; les retirer ne suffit pas. Même si nous pouvions transporter toutes les bombes sur la lune, tant que les racines de la guerre et des bombes seront dans notre conscience collective, nous ne serons pas plus en sécurité.

Ce n'est pas en manifestant de la colère que nous réussirons à abolir la guerre. Nous devons transformer les toxines emmagasinées aussi bien dans notre conscience individuelle que dans notre conscience collective. Nous devons également pratiquer une consommation raisonnable pour nous-même, notre famille et la société si nous voulons mettre un terme à la consommation qui empoisonne notre conscience collective.

Il ne s'agit pas simplement d'accepter ou de refuser un verre de vin. En réalité, si vous arrêtez complètement de boire de l'alcool, de regarder des films malsains ou de mauvaises émissions, c'est l'ensemble de la société qui en profitera. Quand vous avez conscience de cela, vous abstenir de boire le premier verre de vin est une manifestation de votre illumination. Vous donnez l'exemple à vos enfants, à vos amis et à tous. En France, on dit : « Un verre ça va, deux verres bonjour les dégâts ! » On ne dit pas que s'il n'y avait pas de premier verre, il n'y en aurait pas de second…

Maintenant, je vous invite à vous poser trois questions auxquelles vous répondrez par écrit :

– Dans un premier temps, demandez-vous ce qui vous fait souffrir aujourd'hui et quelles sont les toxines présentes dans votre corps, dans votre âme et dans votre esprit. Notez-le. Reconnaître ses toxines et les écrire sur une feuille de papier est une méditation où l'on observe les choses en profondeur pour les appeler par leur vrai nom. Si vous ressentez le besoin de faire une méditation, assise ou marchée, faites-la. Puis asseyez-vous calmement et regardez dans le corps et dans l'âme de vos enfants, de votre compagne ou de votre compagnon, de ceux qui vous sont proches, en vous sentant uni à eux.

– Dans un deuxième temps, demandez-vous quel genre de poison vous mettez chaque jour dans votre corps et dans votre esprit. Demandez-vous aussi si ce que vous absorbez tous les jours est toxique pour votre corps et pour votre esprit. Posez-vous également cette question pour votre famille et inscrivez les réponses.

– Enfin, demandez-vous ce que votre ville et votre pays absorbent de violence, de haine et de peur. Ce qui s'est passé à Los Angeles est une manifestation de la quantité de haine, de peur et de violence contenues dans notre société. Quels poisons avalons-nous chaque jour dans nos familles, nos villes et dans notre pays ? C'est une méditation collective.

Pour finir, laissez votre intuition vous dicter une ordonnance. Par exemple : « A partir d'aujourd'hui, j'aspire profondément à ne plus absorber de … Je m'engage à n'utiliser que … pour nourrir mon corps et ma conscience. » Vous ne pouvez pas aimer quelqu'un si vous ne vous aimez pas et si vous ne prenez pas soin de vous. C'est pourquoi cette pratique est essentielle. En prenant soin de vous, vous pratiquez la paix, l'amour et la compréhension. Quand vous observez les choses avec attention, vous développez votre compréhension et votre compassion.

Avant de commencer un repas, inspirez, expirez et regardez sur la table afin de voir ce qui est bon pour votre corps et ce qui ne l'est pas. En agissant ainsi, vous protégez votre corps. Avant d'aller au cinéma ou d'allumer la télévision, déterminez avec soin ce que vous et vos enfants pouvez ou non regarder. Décidez également des lectures qui sont bonnes pour vous et pour vos enfants. Quand ces préceptes sont appliqués au sein d'une communauté, nous n'avons plus besoin de nous réfugier dans des poisons ou de nous distraire. Notre perception intérieure nous aide à savoir ce qui est bon pour notre corps et notre âme.

Vous pouvez tout à fait discuter avec votre famille et vos amis de cette idée de pratiquer une consommation raisonnable pour votre corps, votre conscience et la conscience collective de la société. Cette méditation contribue réellement à la paix. Si nous voulons la paix, il nous faut commencer par prendre soin de notre corps et de notre esprit chaque jour.

J'espère que vous appliquerez ces cinq préceptes à la lettre et dans l'esprit. J'espère aussi que vous les réciterez régulièrement et que vous en parlerez à vos amis. Si vous préférez utiliser des préceptes équivalents tirés de votre propre tradition, c'est très bien. Au village des Pruniers, nous récitons ces préceptes toutes les semaines. L'un d'entre nous lit lentement chaque précepte et respire trois fois avant de dire : « C'est le premier des cinq préceptes. Avez-vous fait un effort pour l'étudier et le pratiquer au cours de cette semaine ? » Sans donner de réponse, nous respirons et laissons la question nous pénétrer. Répondre « Oui » ne serait pas tout à fait juste, mais répondre « Non » ne le serait pas plus. En appliquant ces préceptes, nous adoptons une conduite qui peut produire des changements spectaculaires, nécessaires à la fois pour nous et pour la société.

CHAPITRE IX

Construire une sangha

CHAQUE fois que je vois quelqu'un sans racines, je vois un fantôme affamé. Dans la mythologie bouddhiste, l'expression « fantôme affamé » désigne une âme errante qui a très faim et très soif, mais dont la gorge est trop étroite pour laisser passer quoi que ce soit. Au Viêt-nam, les nuits de pleine lune du septième mois lunaire, nous offrons à boire et à manger aux fantômes affamés. Comme nous savons qu'il leur est difficile de recevoir nos offrandes, nous leur chantons le mantra qui sert à élargir la gorge. Ces fantômes affamés sont très nombreux et nos maisons très petites, aussi leur faisons-nous ces offrandes dans la cour.

Les fantômes affamés ont besoin d'amour, mais n'ont pas forcément la capacité de recevoir tout l'amour et toute l'attention que nous pouvons leur donner. Ils ont beau savoir que la vie peut être belle, ils ne sont pas en mesure de la toucher. C'est comme si quelque chose en eux les en empêchait. Ce qu'ils veulent, c'est oublier la vie et, pour s'aider à oublier, ils se tournent vers l'alcool, la drogue ou le sexe. Essayer de les en empêcher n'a aucun effet. Ils ont déjà entendu tellement de choses ! En fait, ils ont besoin de croire en quelque chose qui leur prouve que la vie a un sens.

Nous avons tous besoin de croire en quelque chose. Pour aider un fantôme affamé, nous devons l'écouter avec toute notre attention, lui offrir une atmosphère familiale et fraternelle et l'aider ensuite à faire l'expérience d'une chose bonne, belle et vraie en quoi il puisse croire.

Un jour, au village des Pruniers, j'ai vu une femme qui ressemblait à un fantôme affamé. Le village des Pruniers était très beau en cette période de l'année. Il y avait beaucoup de fleurs et tout le monde souriait. Mais elle ne pouvait rien toucher. Je pouvais ressentir son chagrin et sa souffrance. Elle marchait seule et semblait prête à mourir de solitude à chaque pas. Elle était venue au village pour être entourée mais, une fois arrivée, elle ne parvenait à être avec personne.

Notre société produit des millions de fantômes affamés, des gens de tous âges sans aucune racine. J'en ai rencontré qui n'avaient même pas dix ans. Ils n'ont jamais connu le bonheur et n'ont rien à quoi se rattacher. C'est la plus grave maladie de notre temps. Si l'on ne croit en rien, comment peut-on survivre ? Comment peut-on trouver l'énergie de sourire ou de toucher le tilleul ou le ciel ? Vous êtes perdu et vous vivez sans aucun sens de la responsabilité. L'alcool et les drogues détruisent votre corps. Notre gouvernement croit que pour résoudre le problème de la drogue, il suffirait d'en empêcher le trafic et d'arrêter les personnes qui en vendent ou en consomment. Mais que l'on puisse se procurer des drogues n'est qu'un effet secondaire. La principale cause du problème est que la vie n'a pas de sens pour bien des gens.

Si vous abusez de drogues ou d'alcool, c'est parce que vous n'êtes pas heureux. Vous ne vous acceptez pas, pas plus que vous n'acceptez votre famille, votre société, vos traditions. En fait, vous voulez renoncer à tout cela.

Il nous faut apprendre à reconstruire les fondations de nos communautés et offrir aux gens des valeurs auxquelles ils puissent se rattacher. Vos traditions religieuses vous ont peut-être été imposées par la force, ou présentées de manière trop abstraite ? Vous pensiez peut-être que la science pouvait rendre la vie plus facile ou que le marxisme pouvait apporter la justice sociale, et vos croyances se sont écroulées. Même le Dieu que vous avez prié – celui que le président Bush invoqua pour aider les Etats-Unis à vaincre l'Irak – était trop petit. Bien des représentants de votre tradition n'en avaient pas eux-mêmes expérimenté les valeurs profondes ; ils ne faisaient que parler en son nom, essayant de vous forcer à croire et vous vous êtes sentis rejetés.

Nous pouvons croire en la pleine conscience. Elle est notre capacité à être conscient de ce qui se passe dans l'instant. Croire en la pleine conscience est sans danger et n'a rien d'abstrait. Quand nous buvons un verre d'eau et que nous savons que nous buvons un verre d'eau, il y a pleine conscience. De même, quand nous sommes assis ou debout, quand nous marchons et respirons et que nous savons que nous sommes assis ou debout, que nous marchons ou respirons, nous touchons la graine de la pleine conscience en nous. En quelques jours de pratique, notre pleine conscience sera renforcée. La pleine conscience est la lumière qui nous montre le chemin. Elle est le Bouddha vivant à l'intérieur de chacun. La pleine conscience fait naître la compréhension, l'éveil, la compassion et l'amour.

Les bouddhistes, comme les chrétiens, les juifs ou les musulmans, peuvent admettre l'idée que nous avons tous la capacité d'être pleinement conscient. Nous avons tous en nous la graine de la pleine conscience. Si nous savons comment arroser cette graine, elle poussera et nous serons à nouveau vivants, capables d'apprécier toutes les merveilles de la vie. Je connais de nombreuses familles qui étaient sur le point de se séparer mais qui surent retrouver l'harmonie en pratiquant la pleine conscience. Alors, si vous me demandez en quoi je crois, je vous dirai que je crois en la pleine conscience. La foi est la première des cinq forces enseignées par le Bouddha, la deuxième est l'énergie, la troisième la pleine conscience, la quatrième la concentration et la cinquième la compréhension. Si vous n'avez pas la foi, si vous ne croyez en rien, vous n'avez aucune énergie. C'est la foi qui apporte l'énergie. Un ami est quelqu'un qui vous inspire la foi.

Quand nous touchons le sol, nous pouvons sentir la stabilité de la terre. De la même façon, nous pouvons sentir la stabilité du soleil, de l'air et des arbres. Nous pouvons être certain que demain le soleil se lèvera et que les arbres seront là pour nous. Nous devons nous appuyer sur ce qui est stable. Quand nous construisons une maison, nous choisissons un terrain solide. Dire : « Je prends refuge dans la sangha » signifie que nous mettons notre confiance dans une communauté de personnes qui pratiquent et qui sont solides. Un maître peut être important, ses enseignements aussi, mais l'élément essentiel de la pratique, ce sont nos amis. Il est difficile, voire impossible, de pratiquer sans sangha.

Lorsque nous cherchons à découvrir notre véritable moi en pratiquant l'observation profonde, nous nous apercevons que ce que nous avons appelé un « moi » est entièrement constitué d'éléments « non-moi ». Notre corps et notre esprit ont leurs racines dans la société, dans la nature et dans ceux que nous aimons. Certains d'entre nous n'aiment pas parler de leurs racines, ni y penser, tant ils ont souffert de la violence dans leur famille ou leur culture. Nous voulons laisser tout cela derrière nous et chercher ailleurs. Cela peut se comprendre. Mais en pratiquant l'observation profonde, nous découvrons que nos ancêtres et nos traditions sont toujours en nous. Il peut nous arriver d'avoir de la colère contre eux, mais ils sont toujours là, nous poussant à revenir et à nous associer à leurs joies et à leurs peines. Nous n'avons pas d'autre choix que de nous relier aux racines qui sont en nous. Quand nous acceptons d'être relié, une transformation se produit et notre souffrance commence à se dissoudre. Nous nous apercevons être un élément de continuité par rapport à nos ancêtres, et aussi une voie de passage pour les générations à venir.

Nous ne pouvons pas rejeter une chose et courir après une autre. Que nous soyons de tradition chrétienne, juive, musulmane ou autre, nous devons étudier la tradition de nos ancêtres et y prendre ce qu'elle a de mieux à nous offrir, à nous et à nos enfants. Notre façon de vivre doit permettre à nos ancêtres de se libérer. Quand nous pouvons offrir la joie, la paix, la liberté et l'harmonie à nos ancêtres, c'est de la joie, de la paix, de la liberté et de l'harmonie que nous nous offrons, ainsi qu'à nos enfants et à leurs enfants.

Beaucoup d'entre nous ont été battus par leurs parents ou ont subi des sévices sexuels dans leur enfance. Bien plus encore ont été fortement critiqués ou rejetés par leur entourage. Aujourd'hui, ces personnes ont tant de graines de malheur enfouies dans leur conscience qu'elles ne supportent plus d'entendre prononcer le simple nom de leurs parents. Quand je rencontre quelqu'un qui a vécu une enfance malheureuse, je lui offre toujours la méditation de l'enfant de cinq ans. Cette méditation agit comme un véritable massage de la pleine conscience. *« J'inspire, et je vois en moi l'enfant de cinq ans. J'expire, et je souris à cet enfant. »* Si vous observez attentivement cet enfant, vous pourrez voir qu'il est vulnérable et facile à blesser. Un regard sévère ou un cri peuvent provoquer des formations internes dans la conscience enfouie. Quand les parents se disputent et crient, l'enfant de cinq ans reçoit de nombreuses graines de souffrance.

J'ai entendu des jeunes dire : « Le plus beau cadeau que mes parents pourraient m'offrir, c'est d'être eux-mêmes heureux. » Parce qu'il était malheureux, votre père vous a fait beaucoup souffrir. Maintenant, vous visualisez l'enfant de cinq ans en vous, vous lui souriez avec compassion et lui dites : « Tu étais si jeune et si doux, et tu as tellement souffert. » Le lendemain, vous pouvez pratiquer la méditation suivante : *« J'inspire, et je vois mon père comme un enfant de cinq ans. J'expire, et je souris à cet enfant avec compassion. »* Nous ne sommes pas habitués à voir notre père à cinq ans. Quand nous pensons à lui, nous n'imaginons même pas qu'il ait pu être un enfant. Nous pensons à lui comme s'il avait toujours été adulte, sévère et autoritaire. Nous n'avons pas pris le temps de voir en notre père un jeune garçon doux et vulnérable. La méditation consiste à visualiser votre père à cinq ans, fragile et vulnérable. Si cela peut vous aider, vous pouvez regarder dans l'album de famille une photo de votre père quand il était petit. Quand vous serez capable de voir l'enfant vulnérable en lui, vous vous rendrez compte qu'il a peut-être été la victime de son propre père. S'il a reçu trop de graines de souffrance de son père, il n'a probablement pas su comment bien traiter son fils. Et il vous a fait souffrir, prolongeant ainsi le cycle des morts et des naissances, le *samsara.* Si vous ne pratiquez pas la pleine conscience, vous ferez exactement la même chose avec vos enfants. A partir du moment où vous voyez votre père en victime, il y a de la compassion dans votre cœur. Quand vous lui souriez avec compassion, vous commencez à voir votre souffrance avec plus de conscience et de compréhension. Après avoir médité quelque temps, votre colère envers lui commencera à se dissoudre. Un jour, vous pourrez sourire à votre père, le prendre dans vos bras et lui dire : « Je te comprends papa. Tu as beaucoup souffert dans ton enfance. »

Par la méditation, nous redécouvrons la valeur de nos familles, de nos racines et d'autres valeurs enterrées sous des années de souffrance. Chaque tradition porte en elle des joyaux, fruits de milliers d'années de pratique. Ces traditions sont arrivées jusqu'à nous et nous ne pouvons pas les ignorer ou les renier. Même ce que nous mangeons contient nos ancêtres et nos valeurs culturelles. Comment pouvons-nous dire que nous n'avons aucun lien avec notre culture ? Nous pouvons trouver des façons d'honorer aussi bien notre propre tradition que d'autres traditions. La méditation nous apprend à découvrir en nous le moyen de dissoudre les barrières, les limites et les préjugés, afin de découvrir les éléments de non-moi à l'intérieur du moi.

Les divisions entre les peuples, les nations et les croyances religieuses contribuent depuis très longtemps à notre souffrance. La pratique nous permet d'écarter les dangers de la séparation et de créer un monde où nos enfants pourront vivre en paix. Elle nous permet également de libérer les tensions en nous et entre les hommes afin que, dans un climat d'ouverture, nous puissions nous apprécier les uns les autres, comme des frères et des sœurs. Quelle que soit votre tradition, si vous parvenez à percevoir la nature de l'inter-être, votre méditation est authentique.

Certaines personnes – les fantômes affamés – sont tellement déracinées que nous ne pouvons pas encore leur demander de revenir à leurs propres racines. Nous devons les aider en leur offrant une alternative, une deuxième chance. Ces personnes vivent en marge de la société et, tout comme les arbres sans racines, elles ne peuvent absorber aucune nourriture. J'ai rencontré des personnes qui méditent depuis vingt ans mais qui, n'étant pas reliées à leurs racines, ne parviennent toujours pas à se transformer. Nous pouvons les aider à retrouver des racines ou à trouver un nouvel environnement dans lequel elles pourront prendre racine.

En Asie, les communautés sont bâties sur le modèle de la famille. Nous nous appelons frères dans le dharma, sœurs, tantes, oncles dans le dharma et nous appelons notre maître père ou mère dans le dharma. Au village des Pruniers, les enfants m'appellent « Thây », ou « Oncle ». Je leur parle toujours comme le ferait leur grand-père ou leur oncle. Toutes les communautés devraient pouvoir offrir une chaleur familiale à leurs membres. Une famille spirituelle est une nouvelle occasion de trouver des racines.

Les membres de la sangha savent que nous recherchons de l'amour et, à travers leur façon d'être, nous offrent une possibilité de nous enraciner dans cette nouvelle famille. Ils font de leur mieux pour prendre soin de nous, comme le ferait un frère ou une sœur. Quand au bout de quelques mois un lien se sera créé entre nous et l'un des membres de la sangha, un sourire naîtra sur nos lèvres. Tout le monde saura que nous commençons à faire des progrès et que la transformation est devenue possible. De nouvelles racines réapparaissent.

Les relations sont la clé de la réussite. Sans une relation intime et profonde avec au moins une personne, la transformation est peu probable. Quand vous êtes soutenu, vous pouvez gagner en stabilité et vous relier à une deuxième personne et devenir par la suite un frère ou une sœur pour chacun des membres de la sangha. Vous manifestez votre volonté et votre capacité à vivre en paix et en harmonie avec tous les membres de votre communauté.

En Occident, pour que la pratique porte vraiment ses fruits, les communautés devraient être organisées comme des familles et offrir une atmosphère amicale et chaleureuse. Une sangha où chaque personne est une île fermée aux autres n'est pas utile. Elle n'est qu'un champ d'arbres sans racines et ne permet ni transformation, ni guérison. Il nous faut des racines pour apprendre et pratiquer la méditation.

La famille nucléaire – avec le père, la mère et juste un ou deux enfants – est une invention assez récente. Parfois, il n'y a pas assez d'air à respirer dans ces familles. S'il y a des tensions entre le père et la mère, toute la famille en ressent les effets. L'atmosphère de la maison est pesante et il n'y a aucun endroit pour s'échapper. Parfois, un enfant va s'enfermer dans les toilettes pour s'isoler, mais il ne peut toujours pas s'enfuir. L'atmosphère pesante pénètre aussi dans les toilettes. Et l'enfant grandit avec de nombreuses graines de souffrance qu'il transmet ensuite à ses propres enfants.

Dans le passé, les oncles, les tantes, les grands-parents et les cousins vivaient tous ensemble. Les maisons étaient entourées d'arbres et l'on pouvait installer des hamacs et faire des pique-niques. Les gens n'avaient pas les problèmes d'aujourd'hui. Quand les parents se disputaient, les enfants pouvaient aller voir une tante ou un oncle. Ils avaient toujours quelqu'un vers qui se tourner et l'atmosphère n'était pas si menaçante. Je pense que les communautés qui pratiquent la pleine conscience peuvent remplacer nos anciennes grandes familles. Dans ces communautés, beaucoup d'oncles, de tantes et de cousins peuvent nous aider. Etre dans une communauté où les gens vivent ensemble comme des frères et sœurs dans le dharma et où les enfants ont plein d'oncles et de tantes est une chose vraiment merveilleuse. Nous devons apprendre à créer de telles familles et considérer les autres membres de la communauté comme nos frères et sœurs.

Cette tradition, déjà présente en Orient, pourrait être adoptée en Occident. Nous pouvons prendre ce qu'il y a de mieux dans les deux cultures. Ici, en Occident, j'ai vu beaucoup de parents célibataires. Un parent célibataire peut aussi profiter des bienfaits d'une communauté. Ce parent pense peut-être qu'il est nécessaire de se remarier pour avoir plus de stabilité, mais je ne le crois pas. Aujourd'hui, vous pouvez avoir plus de stabilité en étant seul que vous n'en aviez lorsque vous viviez à deux. Une nouvelle personne dans votre vie pourrait vous déstabiliser. Il est plus important de prendre refuge en vous et de reconnaître ce que vous avez acquis. Alors, vous devenez plus solide et développez en vous un refuge pour vos enfants et vos amis. Vous devez d'abord retrouver votre stabilité et abandonner l'idée que vous ne pouvez pas être vous-même si vous n'avez pas « quelqu'un » à vos côtés. Vous vous suffisez à vous-même. Lorsque vous vous transformez en un ermitage confortable, aéré, lumineux et ordonné, vous sentez peu à peu la paix, la joie et le bonheur grandir en vous. Les autres peuvent commencer à se reposer sur vous. Votre enfant, vos frères et sœurs dans le dharma peuvent tous compter sur vous.

Retournez d'abord dans votre ermitage et arrangez les choses de l'intérieur. Appréciez le soleil, les arbres et la Terre. Ouvrez vos fenêtres et laissez entrer ce qui est sain et stable ; vous faites un avec le monde qui vous entoure. Si des éléments instables essaient de pénétrer dans votre ermitage, fermez les fenêtres et empêchez-les d'entrer. Si l'orage, le vent ou une trop forte chaleur veulent s'immiscer, ne les laissez pas faire. Etre un refuge pour soi-même est essentiel. Ne vous reposez pas sur quelqu'un que vous ne connaissez pas bien et qui pourrait être instable. Revenez à vous et prenez refuge dans votre propre ermitage.

Si vous êtes seul à élever votre enfant, il vous faut apprendre à être à la fois un père et une mère, sans quoi vous aurez toujours besoin de quelqu'un pour jouer le rôle du père ou de la mère envers votre enfant, et vous perdrez votre souveraineté et votre ermitage. Si vous pouvez dire : « Je peux apprendre à être à la fois un père et une mère pour mon enfant. Je peux réussir par moi-même avec le soutien de mes amis et de la communauté», c'est bon signe.

L'amour d'un père est différent de celui d'une mère. L'amour d'une mère a quelque chose d'inconditionnel. Vous êtes l'enfant de votre mère, c'est pour cela qu'elle vous aime. Il n'y a pas d'autre raison. Une mère utilise son corps et son esprit pour protéger cette partie d'elle-même, si douce et si vulnérable. Elle a tendance à considérer son enfant comme s'il était elle-même ou une extension d'elle-même. C'est bien, mais cela peut créer des problèmes par la suite. Une mère doit apprendre progressivement que son fils ou sa fille est une personne distincte.

L'amour d'un père est un peu différent. Un père dit plutôt : «Si tu fais cela, tu recevras mon amour. Si tu ne le fais pas, tu ne le recevras pas.» C'est comme un marché. Il y a aussi ces deux aspects en moi. Je suis capable de discipliner mes étudiants mais je peux également les aimer comme une mère. Je sais que ce n'est pas facile pour une mère d'être un père, ni pour un père d'être une mère. Mais si vous avez une bonne sangha et de bonnes relations avec ses membres, ils peuvent être un oncle ou une tante pour votre enfant. Vous pouvez jouer les rôles du père et de la mère et profiter également de l'aide d'autres adultes.

Il y a beaucoup de parents célibataires en Occident. Nous avons besoin de retraites et de séminaires pour discuter des meilleures façons d'élever nos enfants. Nous n'acceptons plus l'ancien modèle parental, mais n'en avons trouvé aucun autre qui nous convienne parfaitement. Nous devons nous servir de nos propres expériences et de notre pratique pour donner une nouvelle dimension à la vie de la famille nucléaire. Associer la vie d'une famille nucléaire à la vie d'un centre de pratique peut être très enrichissant. Vous pouvez venir y méditer avec votre enfant et vous profiterez tous de l'atmosphère qui y règne. En même temps, la communauté bénéficiera de votre présence. Les enfants sont des joyaux qui peuvent aider à méditer. Si les enfants sont heureux, les parents et les non-parents aimeront méditer ensemble. C'est une joie pour tous.

La façon dont chacun marche, mange et sourit peut être une aide pour tous les autres. Elle marche pour moi, je souris pour elle, et nous le faisons ensemble, dans notre sangha. Cette pratique commune peut nous apporter une réelle transformation intérieure. Il ne s'agit pas de méditer toute la journée, ou de se forcer à méditer. Nous devons simplement nous trouver une bonne sangha, avec des gens heureux qui vivent chaque moment profondément, et la transformation se fera naturellement, sans effort.

Je pense qu'il est extrêmement important d'apprendre à bâtir des sanghas. Que notre expérience de la méditation soit grande et que nous connaissions par cœur tous les sûtras n'aide en rien les autres. Il nous faut créer une sangha heureuse où la communication sera ouverte. Pour que l'autre se sente à l'aise et heureux, nous devons prendre soin de lui et être à l'écoute de ses peines, de ses difficultés, de ses aspirations, de ses peurs et de ses espoirs. Pour cela, il nous faut du temps, de l'énergie et de la concentration.

Nous avons tous besoin d'une sangha. Si vous n'avez pas encore trouvé de sangha où vous vous sentez bien, vous devriez consacrer du temps et de l'énergie à en construire une. Que vous soyez psychothérapeute, médecin, activiste de la paix ou que vous travailliez dans le social ou l'environnement, vous avez besoin d'une sangha. Sans sangha, vous n'aurez pas le soutien nécessaire et vous finirez par vous laisser détruire. Pour former une sangha, un psychothérapeute peut choisir des personnes qu'il a aidées et qui le considèrent comme un ami, un frère ou une sœur. Ils pourront pratiquer ensemble, dans la paix, dans la joie et dans une atmosphère familiale. Vous avez besoin de frères et de sœurs qui méditent avec vous, pour vous nourrir et vous soutenir. Une sangha peut vous aider dans les moments difficiles.

J'ai rencontré des psychothérapeutes qui n'étaient pas heureux dans leurs familles, et je me demande vraiment s'ils sont capables de nous aider quand nous avons besoin d'eux. J'ai proposé à l'un d'entre eux de former une sangha. Dans cette sangha, il y a d'anciens patients qui sont devenus amis du thérapeute. La sangha est un lieu ou l'on se rencontre pour être ensemble, respirer et vivre en pleine conscience, dans la paix, la joie et la compréhension aimante. Le thérapeute y trouve beaucoup de soutien et de plaisir. De même que les personnes qui méditent et les thérapeutes, nous avons tous besoin d'apprendre à bâtir une sangha. Je ne pense pas qu'il soit possible d'aller très loin sans sangha. Je suis nourri par la sangha. Tout ce qui se réalise dans la sangha me soutient et me donne de la force.

Pour former une sangha, commencez par trouver un ami qui aimerait méditer avec vous, ou marcher, prendre le thé, réciter des préceptes ou simplement discuter. Plus tard, d'autres souhaiteront se joindre à vous et votre petit groupe pourra se rencontrer toutes les semaines ou tous les mois, chez l'un ou chez l'autre. Certaines sanghas ont trouvé un terrain et s'installent à la campagne pour ouvrir un centre de retraite. Bien sûr, votre sangha comprend aussi les arbres, les oiseaux, le coussin de méditation, la cloche… en fait tout ce qui vous aide dans la pratique, y compris l'air que vous respirez. Etre avec des personnes qui se réunissent pour pratiquer la pleine conscience est assez rare. La sangha est un joyau.

Organisez-la du mieux que vous pouvez afin de la rendre agréable à tous. Vous ne trouverez jamais de sangha parfaite, mais une sangha imparfaite convient aussi. Plutôt que de vous plaindre de ce qui ne va pas dans la sangha, faites de votre mieux pour vous transformer et en devenir un bon élément. Acceptez-la telle qu'elle est. Si votre famille vit dans la pleine conscience, c'est une sangha. Si vous avez un parc près de chez vous où vous pouvez emmener les enfants faire une promenade méditative, le parc fait partie de votre sangha.

Une sangha est aussi une communauté qui nous aide à résister à la vitesse, à la violence et aux modes de vie malsains de notre société. Vivre pleinement conscient, c'est nous protéger et protéger les autres. Une bonne sangha peut nous conduire vers l'harmonie et la conscience.

L'important, c'est la substance de la pratique. Les formes, elles, peuvent s'adapter. Lors d'une retraite au village des Pruniers, un prêtre catholique m'a dit : « Thây, je vois bien ce qu'apporte la pratique de la pleine conscience, j'ai pu en apprécier la joie, la paix et le bonheur. J'ai aimé les cloches, les méditations du thé, les repas silencieux et les méditations marchées. Mais ce que j'aimerais savoir, c'est comment continuer à pratiquer quand je me retrouverai dans mon église.

Alors, je lui demandai : « Avez-vous une cloche dans votre église ?

– Oui.

– Sonnez-vous la cloche ?

– Oui.

– Alors, sonnez la cloche comme nous le faisons ici. Prenez-vous un repas commun dans votre église ? Buvez-vous du thé ensemble ?

– Oui.

– Eh bien, faites simplement les choses comme chez nous, en étant pleinement conscient ! »

Tout peut se faire dans la joie de la pleine conscience, que ce soit revenir à votre propre tradition ou dans votre sangha, ou démarrer une nouvelle sangha. Il n'est pas nécessaire de rejeter votre tradition ou votre famille. Vous pouvez tout conserver et simplement ajouter la conscience de l'instant, la paix et la joie. C'est dans vos actes et non dans vos paroles que vos amis pourront voir en vous les bienfaits de la pratique.

CHAPITRE X

Toucher la réalité ultime

Si nous commençons à pratiquer la méditation, c'est pour nous soulager de notre souffrance en apprenant à la transformer. Atteindre le nirvana est le plus grand et le plus profond des soulagements. La vie comporte deux dimensions que nous devrions pouvoir toucher toutes les deux. L'une est comme la vague, c'est celle que nous appelons la dimension historique. L'autre est comme l'eau, et nous l'appelons la dimension ultime, ou nirvana. Habituellement, nous ne touchons que la vague, mais quand nous découvrons comment toucher l'eau nous recevons le plus beau fruit que la méditation puisse nous apporter.

Dans la dimension historique, nous avons des certificats de naissance et des certificats de décès. Le jour où votre mère meurt, vous souffrez. Si quelqu'un vient vous voir pour exprimer sa tristesse et vous offrir son amitié, son soutien et une main chaleureuse, cela vous réconforte. C'est le monde des vagues. Il se caractérise par la naissance et la mort, les hauts et les bas, l'être et le non-être. La vague a un début et une fin. Ce n'est pas le cas de l'eau. Dans le monde de l'eau, il n'y a ni naissance, ni mort, ni être ni non-être, ni début ni fin. Quand nous touchons l'eau, nous touchons la réalité dans sa dimension ultime et nous nous libérons de tous ces concepts.

Un jour, Nagarjuna, un philosophe du IIe siècle, posa la question suivante : « Avant qu'une chose naisse, existait-elle déjà ou non ? » Avant que l'œuf naisse de la poule, existait-il déjà ou non ? S'il était déjà là, comment a-t-il pu naître ? Puisqu'un bébé est lui aussi déjà présent dans le ventre de sa mère, comment pouvons-nous dire qu'il n'est pas encore né ? Nagarjuna affirme que ce qui existe déjà ne peut naître. Naître signifie que de rien on devienne quelque chose, et que de personne on devienne quelqu'un. Mais rien ne peut naître de rien. Une fleur est née du sol, des minéraux, des graines, du soleil, de la pluie… La méditation nous révèle la non-naissance des choses. La vie est une continuation. Au lieu de chanter « Joyeux anniversaire », nous devrions chanter « Joyeuse continuation ». Même le jour où notre mère vient à mourir est un jour de continuation, car elle continue à être là sous bien des formes.

J'ai une amie qui s'occupe de sa mère, une femme de 93 ans. D'après les médecins, elle peut mourir d'un jour à l'autre. Pendant plus d'un an, mon amie a enseigné à sa mère des exercices de méditation qui l'ont beaucoup aidée. Elle a arrosé les graines de bonheur de sa mère et, aujourd'hui, la vieille femme est joyeuse chaque fois que sa fille vient la voir. Récemment, mon amie lui a dit : « Ce corps n'est pas tout à fait à toi. Ton corps est bien plus grand que cela. Tu as neuf enfants, des tas de petits-enfants et d'arrière-petits-enfants. Nous sommes tous des "continuations" de toi et nous sommes très heureux et en bonne santé. En fait, tu es vivante en nous. »

La mère pouvait comprendre ce que sa fille venait de lui dire et sourit. Mon amie continua : « Quand tu étais jeune, tu as appris un tas de choses à beaucoup de monde. Tu rendais les gens heureux. Aujourd'hui, nous faisons pareil, nous continuons le travail que tu as commencé. Quand tu étais jeune, tu écrivais des poèmes et des chansons et aujourd'hui, beaucoup d'entre nous écrivent des poèmes et chantent. Tu continues à travers nous. Tu es beaucoup d'êtres en même temps. » Cette méditation sur le non-moi aide la mère à voir que son corps n'est qu'une petite partie de son être véritable. Elle comprend que le jour où son corps s'en ira, elle continuera d'exister sous bien d'autres formes.

Qui peut dire que sa mère n'est plus ? Vous ne pouvez pas la décrire comme quelqu'un qui est ou qui n'est pas, vivante ou morte, car ces notions appartiennent à la dimension historique. Quand vous touchez votre mère dans la dimension ultime, vous voyez qu'elle est toujours avec vous. C'est la même chose pour les fleurs. Une fleur peut faire semblant de ne pas être née, mais elle a toujours été là sous d'autres formes. Ensuite, elle peut faire semblant de mourir, mais nous ne devons pas nous méprendre. En fait, c'est comme si elle jouait à cache-cache, se révélant à nous pour ensuite disparaître. Si nous sommes attentifs, nous pouvons la toucher aussi souvent que nous le voulons. Votre mère joue elle aussi à un jeu. Elle serait née pour être votre mère et, après avoir si bien joué son rôle, elle prétendrait maintenant ne plus être là pour vous aider à grandir ?

Un jour, alors que je m'apprêtais à marcher sur une feuille, j'ai vu cette feuille dans sa dimension ultime. J'ai vu qu'elle n'était pas réellement morte. Elle se fondait au sol mouillé, s'apprêtant à apparaître sur l'arbre au printemps prochain, sous une autre forme. Je souris à la feuille et lui dis : « Alors, tu voudrais nous faire croire que tu vas mourir ? »

Dans le sûtra du Lotus, le Bouddha nous raconte l'histoire d'un médecin dont les enfants s'étaient intoxiqués en mangeant quelque chose de mauvais pendant son absence. Quand il rentra chez lui et les vit malades, il leur donna des médicaments pour les soigner. Certains prirent les médicaments et furent guéris alors que les autres, qui ne comptaient que sur la présence de leur père pour se soigner, continuèrent à être malades. Pour que les enfants acceptent de prendre leurs médicaments, le père dut se cacher et faire comme s'il était mort. Votre mère joue peut-être à un jeu similaire pour vous encourager à pratiquer la paix et le bonheur.

Chaque chose fait semblant de naître et de mourir, même la feuille sur laquelle j'avais failli marcher. Le Bouddha a dit : « Quand les conditions sont réunies, le corps se révèle et nous disons alors que le corps est. Quand les conditions ne sont pas réunies, nous ne pouvons pas percevoir notre corps et nous disons alors que le corps n'est pas. » Le jour de ce que nous appelons la mort est un jour de continuation sous bien d'autres formes. Si vous savez comment toucher votre mère dans la dimension ultime, elle sera toujours avec vous. Quand vous toucherez et observerez profondément votre main, votre visage ou vos cheveux, vous verrez que votre mère est là en vous, souriante. Cette pratique est très profonde. Elle peut faire énormément de bien.

Le mot *nirvana* signifie extinction, ou cessation de toutes les notions et de tous les concepts, y compris des concepts de naissance, de mort, d'être et de non-être, d'apparaître et de disparaître. Le nirvana est la dimension ultime de la vie, un état de fraîcheur, de paix et de joie. Il n'est pas nécessaire de mourir pour l'atteindre. Vous pouvez toucher le nirvana immédiatement, en respirant, en marchant, ou en prenant le thé dans la pleine conscience. Vous êtes « nirvanisé » depuis le non-commencement. Toutes les choses et tous les êtres demeurent dans le nirvana.

Nikos Kazantzakis raconte l'histoire suivante. Un jour, en plein hiver, saint François d'Assise s'arrêta devant un amandier et lui demanda de lui parler de Dieu. Soudain, des bourgeons apparurent et en quelques secondes, l'arbre se retrouva couvert de très belles fleurs. Cette histoire m'a beaucoup impressionné. J'ai compris que saint François voyait les choses dans leur dimension ultime. C'était l'hiver, il n'y avait ni feuilles, ni fleurs, ni fruits, mais lui, il avait vu les fleurs.

Si nous nous croyons incapables de toucher la dimension ultime, nous nous trompons. Cela nous est déjà arrivé. Ce qui importe, c'est de savoir le faire plus profondément et plus souvent. « Penser globalement » est une façon de toucher la dimension ultime. Lorsque nous voyons les choses globalement, nous gagnons en sagesse et nous sentons beaucoup mieux. Nous ne sommes plus prisonniers des petits problèmes, nous évitons bien des erreurs et notre vision du bonheur et de la vie devient plus profonde.

Parfois, nous croyons que le fait de ne pas affronter immédiatement la personne qui nous inspire de la colère nous fera perdre notre dignité. Cette personne menace peut-être notre autorité et nous nous sentons frustrés de ne pas riposter sur-le-champ. Alors, nous allons nous coucher malheureux et passons une nuit difficile. Mais le lendemain matin, nous pouvons rire et sourire et nous voyons la situation sous un tout autre jour. Ce qui s'est passé hier n'est soudain plus si important. Une seule nuit nous en sépare et déjà les choses sont différentes. Penser globalement, c'est aussi cela, en termes de temps cette fois.

Lorsque nous sommes dans la dimension historique, nous sommes emportés au gré des vagues. Par exemple, des difficultés dans notre travail, une file d'attente trop longue au supermarché, ou une mauvaise liaison téléphonique avec notre ami. Et si nous nous sentons fatigués, un peu déprimé, ou en colère, c'est parce que nous restons figés dans la situation du moment. Mais si nous fermons les yeux et visualisons le monde dans cent ans, nous constatons que ces problèmes ne sont pas si importants. En regardant les choses avec un plus grand recul, nous les voyons tout autrement. Imaginez alors la différence quand vous touchez la dimension ultime !

Nous sommes parfaitement capables de toucher la dimension ultime. Au moment où j'écris cette page, je sais que mes pieds sont posés sur la terre, au village des Pruniers, en France. Je sais aussi que la France est reliée à l'Allemagne, l'Espagne, la Tchécoslovaquie et la Russie, et même à la Chine et au Viêt-nam. En pensant globalement, je vois que je ne suis pas seulement sur une toute petite parcelle de terre. Quand je touche le village des Pruniers, je touche toute l'Europe et toute l'Asie. La Chine n'est qu'un prolongement de cette petite parcelle de terre sous mes pieds. Et si je suis sur une partie du continent eurasien, je suis sur l'ensemble du continent.

Quand vous avez conscience de cela, l'endroit où vous vous trouvez se transforme et contient alors la terre entière. Si vous pratiquez la méditation marchée et prenez conscience de marcher sur la belle planète Terre, vous vous verrez différemment, vous et votre marche, et vous serez libéré des visions étroites et des frontières. A chaque pas, vous verrez que vous touchez la terre entière. Toucher la vie dans cet état de conscience vous libère de bien des peines et des illusions.

Toucher une chose dans la pleine conscience revient à toucher l'ensemble des choses. C'est également vrai pour le temps. Quand vous touchez un moment avec pleine conscience, vous touchez tous les moments. Selon l'*Avatamsaka-sûtra,* si vous vivez un instant profondément, cet instant contient en lui tout le passé et tout l'avenir. « L'un contient le tout. » Toucher l'instant présent ne signifie pas se débarrasser du passé et de l'avenir. Quand vous touchez l'instant présent, vous voyez que le présent est fait du passé et qu'il crée l'avenir. En touchant le présent, vous touchez à la fois le passé et l'avenir. Vous touchez globalement l'infinité du temps, l'ultime dimension de la réalité. Quand vous buvez une tasse de thé dans la pleine conscience, vous touchez l'instant présent et la totalité du temps. C'est ce que fit saint François : il toucha l'amandier si profondément qu'il le vit fleurir au plein cœur de l'hiver. Il transcenda le temps.

Méditer, c'est vivre profondément chaque instant de la vie. Par la méditation, nous voyons que les vagues ne sont faites que d'eau et que les dimensions historique et ultime ne font qu'une seule dimension. Bien que nous vivions dans le monde des vagues, nous pouvons toucher l'eau parce que nous savons qu'une vague n'est rien d'autre que de l'eau. Si nous touchons uniquement les vagues, nous souffrons. Mais si nous apprenons à rester en contact avec l'eau, nous nous sentirons soulagés. Toucher le nirvana nous libère de bien des soucis. Ce qui nous préoccupait dans le passé n'est plus si important. Le jour suivant, cela nous semble déjà différent. Imaginez ce que vous pouvez ressentir en touchant le temps et l'espace infinis.

A travers la pratique, nous apprenons à vivre avec les vagues. Nous calmons notre corps et notre esprit et retrouvons notre sérénité, notre fraîcheur et notre solidité. Nous pratiquons la compréhension aimante, la concentration et l'art de transformer notre colère. Tout cela nous fait du bien, mais toucher la dimension ultime de la réalité est encore plus profond. Nous avons tous la capacité de toucher le nirvana et de nous libérer de la naissance et de la mort, de ce qui est un et de ce qui est multiple, de ce qui apparaît et disparaît.

En automne, l'année dernière, alors que j'étais en Angleterre, je fis un rêve étrange. Nous étions au marché, mon frère An et moi, quand un homme nous invita à aller voir l'un des étals. Chaque chose sur cet étal représentait un événement que j'avais vécu avec mon frère et mes proches. Presque toutes les expériences et tous les objets étaient liés à la souffrance – pauvreté, incendie, inondation, tempête, faim, discrimination raciale, ignorance, haine, peur, désespoir, oppression politique, injustice, guerre, mort et souffrance. A ce moment-là, je ressentis du chagrin et de la compassion.

Nous nous dirigeâmes ensuite au centre de l'étal où se trouvait une grande table couverte de cahiers. Au bout de la table à gauche, je vis mon cahier et celui de mon frère. Dans mon cahier, je reconnus beaucoup d'expériences heureuses et importantes de mon enfance, et beaucoup d'expériences malheureuses aussi. Dans celui de mon frère, je retrouvai des expériences que nous avions vécues ensemble. Soudain, je me rendis compte que je n'avais jamais mentionné aucun de ces événements dans mes mémoires. Peut-être ne s'agissait-il que d'expériences vécues en rêve et oubliées au réveil ? Peut-être s'agissait-il d'expériences de vies antérieures ? Je ne savais pas vraiment. Ce que je savais, c'est que je les avais réellement vécues. Afin de ne plus les oublier, j'eus l'idée de les intégrer dans mes mémoires.

Au moment où me vint cette pensée, j'entendis l'homme dire cette phrase terrible : « Tu devras revivre tout cela ! » Il semblait prononcer un verdict ou une condamnation, et avait l'air de pouvoir prendre lui-même la décision. On aurait dit Dieu, ou la Destinée. Ce fut un choc pour moi. Fallait-il vraiment que je revive toutes ces souffrances ? Les incendies, les inondations, les tempêtes, la faim, la discrimination raciale, l'ignorance, la haine, le désespoir, la peur, le chagrin, l'oppression politique, la misère, la guerre, la mort… J'avais pourtant l'impression d'être passé par ces épreuves pendant une infinité de vies, avec mon frère et tous nos compagnons du passé. Nous avions traversé tellement de tunnels et maintenant que nous étions dans l'espace et la liberté, allions-nous vraiment être obligés de revivre toutes ces expériences ?

Ma première réaction fut de dire : « Non, pas ça ! » Mais en moins d'une seconde, je pointai un doigt vers le visage de l'homme et lui dis avec toute ma force et ma détermination : « Tu ne peux pas me faire peur. Si je dois repasser par tout cela, je le ferai ! Et je suis prêt à le refaire des milliers de fois s'il le faut. Et nous serons tous là ensemble ! »

A ce moment-là du rêve, je me réveillai. Je ne me souvenais de rien, sinon que je venais de faire un rêve important et puissant. Je restai dans mon lit, à respirer dans la pleine conscience, et les détails commencèrent à revenir. Je compris que l'homme jouait un rôle important qu'il me fallait découvrir. Ma première pensée fut que j'allais bientôt mourir et commencer un nouveau voyage. Je me sentais calme. La mort ne me faisait pas peur. Je me dis que la seule chose que j'avais à faire était de prévenir sœur Chân Không, l'une de mes plus proches compagnes de ces trente dernières années, afin que tout le monde puisse se préparer. Mais très vite, je sus que le moment de mourir n'était pas encore arrivé. Le rêve devait avoir une signification encore plus profonde.

En observant mon rêve plus attentivement, je découvris que l'homme représentait la graine de la peur et de la paresse en moi, l'équivalent de Mara pour Bouddha. Cette graine avait surgi du plus profond de mon âme, de ma conscience enfouie. Dans ma première réaction, je m'étais situé dans la dimension historique – celle de la vague – alors que dans la seconde j'avais agi à partir de la dimension ultime – celle de l'eau. Au moment où je touchai le monde de la non-naissance et de la non-mort, je n'eus plus peur et le lui montrai en le défiant du doigt. Je vis que la force qui m'avait aidé était l'énergie de la foi, née de ma vision juste et de ma liberté. Je lui dis clairement que tant que ma vision était juste et que j'étais libre, j'avais la force et le courage de traverser toutes sortes d'épreuves sans compter.

Je regardai ma montre. Il était 3 h 30 du matin. Je pensai aux enfants du Viêt-nam, du Cambodge, de Somalie, de Yougoslavie et d'Amérique du Sud et me sentis très fortement solidaire d'eux. J'étais prêt à retraverser toutes ces épreuves avec eux, encore et encore. Et je vous ai vu aussi mes amis, pratiquant le chemin de l'Emancipation. J'ai vu que vous étiez également prêts à nous rejoindre pour qu'ensemble nous puissions apporter notre sagesse et notre liberté collectives aux enfants du monde et les aider à supporter leurs épreuves.

L'année dernière au village des Pruniers, en étudiant le sûtra du Lotus, nous avons parlé de la dimension ultime et de la dimension historique de la vie. Il nous a semblé important d'ajouter la dimension de l'action, représentée par les bodhisattvas qui pratiquent le bouddhisme engagé. Les bodhisattvas qui ont connu la dimension ultime reviennent dans la dimension historique pour aider du mieux qu'ils le peuvent à transformer la souffrance et à soulager les êtres. Ils vivent à la fois la vie de la vague et celle de l'eau, nous offrant ainsi le cadeau de la non-peur.

Vous, mes frères et mes sœurs, mes compagnons de route, vous êtes ces bodhisattvas chevauchant les vagues de la naissance et de la mort, sans jamais vous noyer. Nous sommes passés par d'interminables souffrances et dans des tunnels d'ombre et de peine sans fin. Mais nous avons pratiqué et développé ainsi notre compréhension et notre liberté. Il est temps maintenant de nous occuper des enfants – des enfants de toutes les couleurs – et de réunir nos forces pour faire face aux défis qui se présentent à nous. Je suis certain que nous ferons mieux aujourd'hui.

Pour pratiquer :

Situé dans le sud-ouest de la France, le village des Pruniers est une communauté où l'on pratique la pleine conscience. Le centre est ouvert l'été, du 15 juillet au 15 août. C'est la meilleure saison pour y séjourner. Il est également possible de s'y rendre à d'autres moments de l'année.

Pour tout renseignement, veuillez écrire à l'adresse suivante :

Village des Pruniers
Meyrac
47120 Loubès-Bernac, France

3655

MARABOUT

IMPRIMÉ EN FRANCE PAR BRODARD ET TAUPIN
1939V - La Flèche (Sarthe), le 29-01-1999.

pour le compte des
Nouvelles Éditions Marabout
D.L. février 1999/0099/023
ISBN : 2-501-03150-4